なるにはBOOKS
補巻27

アニメ業界で働く

小杉眞紀　山田幸彦　吉田真奈　著

ぺりかん社

はじめに

１９６０年代にテレビで子ども向けの連続テレビアニメが放送されるようになって、60年が経とうとしています。今や、アニメは私たちにとってごく身近なコンテンツとなりました。さまざまな年齢層《ねんれいそう》向けのアニメが登場し、テレビだけでなく映画や動画配信サービスなど、視聴《しちょう》方法も多岐《たき》にわたります。「好きなアニメは？」と聞かれたら、すぐに作品名が頭に思《おも》い浮《う》かぶ人もたくさんいるでしょう。さらにはアニメが好きで、将来「アニメの仕事がしたい！」という人も多いかもしれません。

しかし、意外と知られていないのが、どんな仕事なのか、そしてその仕事にどのような苦労があるかということです。アニメにはアニメーターや声優などよく知られている仕事以外にも編集や撮影《さつえい》、音響《おんきょう》などいろいろな職種の人がかかわっています。

一見、華《はな》やかに見える声優の世界も、声優として仕事をしていくには、日々の努力の積み重ねが必要です。それぞれの職種の人が自分の担当する仕事に求められる以上のものを追求し、その努力が合わさって１本の作品ができあがっていきます。

この本では、そんなアニメにかかわる仕事をしている人たちの生の声をまとめました。２章ではみなさんもよく知っている職業の人たち、３章ではあまり一般《いっぱん》には知られていないけれど、アニメづくりに欠かせない職業の人たちが登場します。さらに、アニメの歴史やアニメができるまでの工程、専門学校などアニメ業界の入り口についても紹介《しょうかい》しています。

この本が、アニメ業界を進路として考えている人たちにとって道しるべのひとつとなることを願っています。また、アニメ業界のわくわく感、やりがい、難しさなどを感じていただければうれしく思います。

小杉眞紀《こすぎまき》
山田幸彦《やまだゆきひこ》
吉田真奈《よしだまな》

アニメ業界で働く　目次

[3章] ドキュメント アニメ作品を高めていく人たち

［4章］

なるにはコース

※本書に登場する方々の所属などは取材時のものです。

［装幀］図工室　［カバーイラスト］カモ　［本文イラスト］めやお　［本文写真］編集部

「なるにはBOOKS」を手に取ってくれたあなたへ

「働く」って、どういうことでしょうか?

「毎日、会社に行くこと」「お金を稼《かせ》ぐこと」「生活のために我慢《がまん》すること」。

どれも正解です。でも、それだけでしょうか? 「なるにはBOOKS」は、みなさんに「働く」ことの魅力《みりょく》を伝えるために1971年から刊行している職業紹介《しょうかい》ガイドブックです。

各巻は4章で構成されています。

[1章] 仕事の世界 職業の成り立ちや社会での役割、必要な資格や技術などを紹介《しょうかい》します。

[2・3章] ドキュメント 今、この職業に就いている先輩《せんぱい》が登場して、仕事にかける熱意や誇《ほこ》り、苦労したこと、楽しかったこと、自分の成長につながったエピソードなどを本音で語ります。

[4章] なるにはコース なり方を具体的に解説します。適性や心構え、資格の取り方、進学先、将来性などを参考に、これからの自分の進路と照らし合わせてみてください。

この本を読み終わった時、あなたのこの職業へのイメージが変わっているかもしれません。「やる気が湧《わ》いてきた」「自分には無理そうだ」「ほかの仕事についても調べてみよう」。どの道を選ぶのも、あなたしだいです。「なるにはBOOKS」が、あなたの将来を照らす水先案内になることを祈っています。

■アニメの撮影処理を見てみよう■

アニメの画面は、キャラクターの絵と背景の絵が別々に描かれ、それを重ね合わせるだけでなく、撮影処理によって、光などさまざまな効果が加えられて完成する。この画面では、クリスタルの透け具合や発光処理、周囲の光球などが撮影処理で加えられている。最終的にフィルタ効果を使い、全体的なコントラストのバランスをとるのも撮影処理の仕事だ。

『Re：ゼロから始める異世界生活』第2期より　原作：長月達平　制作：WHITE FOX

背景とキャラクターの合成

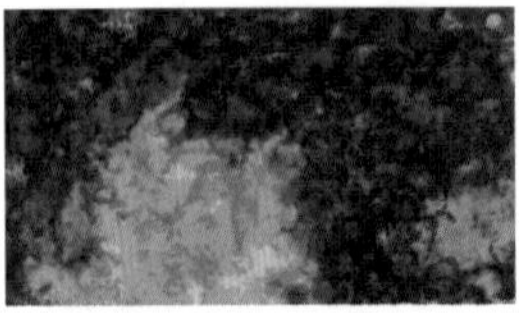

場面カットの背景となる絵。ここを基本とし、最終的な画面に至るまでに絵や効果などが重ねられていく。

場面カットに実際にキャラクターの絵が載せられ、瞳やエフェクト、背景などに光源が足されていく。

完成した画面。最終的に視聴者が目にする画面は、背景とキャラクターだけでなく、カメラのレンズ効果、カメラワーク、照明など、さまざまな要素が加えられている。

「鷲尾須美 #3」場面カット『結城友奈は勇者である』原作：Project 2H　制作：studio 五組

■日常シーンでの光の処理■

基本となる背景の絵。

キャラクターが配置された状態。

夕焼けの光や、キャラクターの光の照り返し、背景のぼかしなどが撮影処理によって足されている。

「鷲尾須美 #6」場面カット『結城友奈は勇者である』原作：Project 2H　制作：studio 五組

■効果を高める撮影処理■

《撮影処理を入れる前》

《処理を入れた後》

指定された設定、タイミングでエフェクトを加えていく。

「結城友奈 #1」場面カット『結城友奈は勇者である』原作：Project 2H　制作：studio 五組

光の効果

《撮影処理を入れる前》

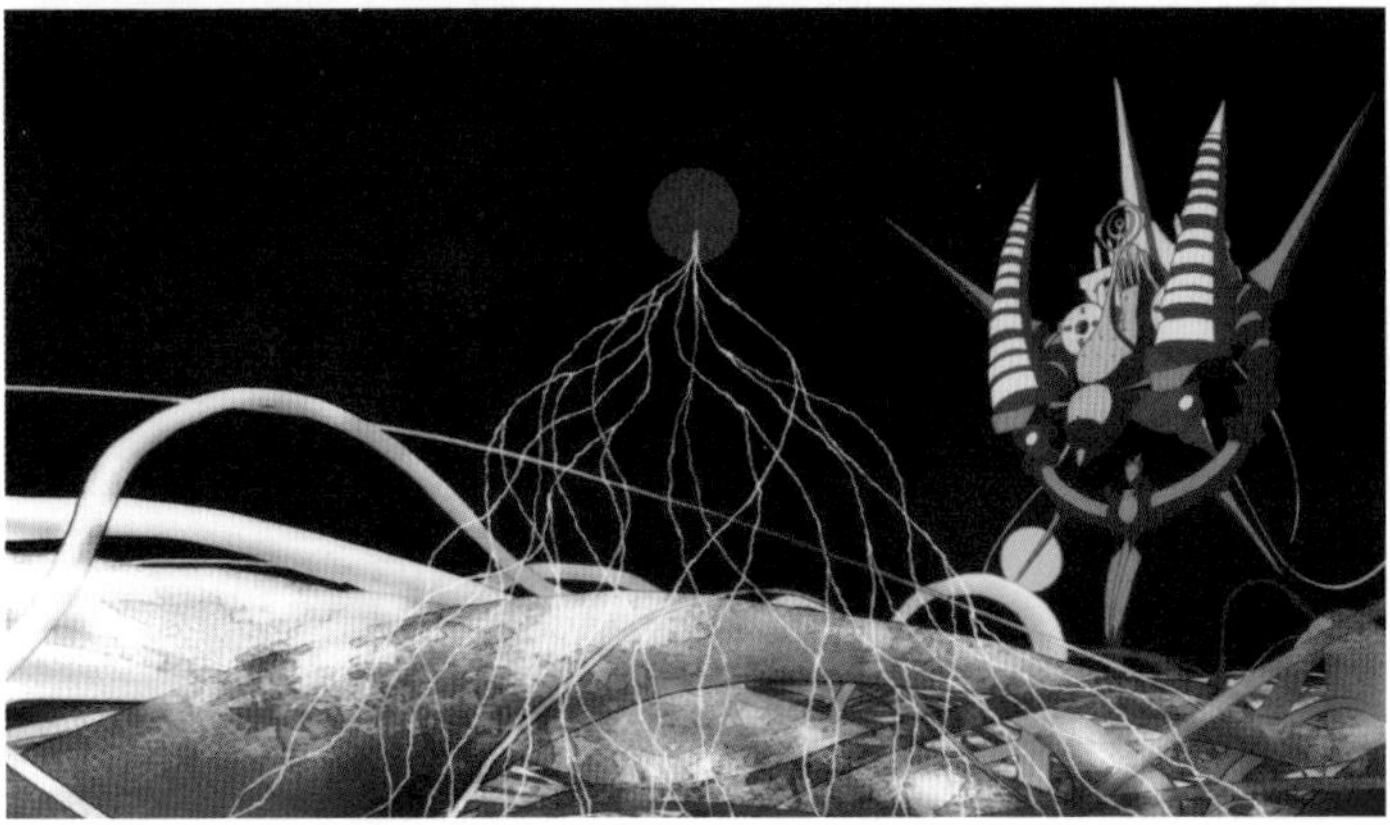

《処理を入れた後》

目安となる丸や線の部分に効果を入れ、実際の画面が構築されていく。

「結城友奈 #5」場面カット『結城友奈は勇者である』原作：Project 2H　制作：studio 五組

3DCGと撮影処理

3DCGで描画された、画面左奥から手前に向かって走ってくる車の映像。
街並と車の動きなど、カットに必要な素材が配置している。しかし、これだけでは光や影の情報が少なく、平坦な印象になる。また、本来空が映るべき左上の背景部分にも、まだ絵が入っていない。

左上に太陽の光とレンズフレア、さらには背景の空も追加され、全体の色調が整えられた状態。
車体や車の窓にも光の照り返しが出ている。特殊効果によって、より実在感のある映像に仕上がった。

株式会社いなほ
代表取締役 山根裕二郎氏提供

アニメづくりを学ぶ

専門学校の授業風景。講師の指導の下、アニメの作画について学んでいく。

アニメ制作の指示書となる「タイムシート」。
縦方向が時間軸を現しており、どの場面にどういった絵が入るのか、
どのタイミングで台詞が入るのかなどが記入される。

撮影協力　専門学校デジタルアーツ東京

手描きもデジタルも学ぶ

絵を描いた紙の上に新しい紙を載せ、透かしながら少しずつ腕などの角度を変えた絵を描いていく。
作画用紙を載せているのは「トレス台」。
下から光を当てることで重ねた紙の線を見やすくする効果がある。

パソコンを使用したアニメ制作風景。
作画のデジタル化も進んでおり、
間違えた部分の修正など、
手描きと比べて便利な点も多い。

撮影協力　専門学校デジタルアーツ東京

1章

アニメ業界を知ろう！

アニメは、さまざまな人や企業をつなぐ一大産業

アニメづくりの現場

私たちが目にするアニメ作品は、世の中に送り出されるまでに、さまざまな人や企業《きぎょう》がかかわっています。「アニメをつくっている人たち」と聞いて多くの人が連想するアニメの現場は、アニメ制作会社でしょうか。制作会社は実際にアニメをつくる会社で、日本には700以上もの大小さまざまな会社が存在しています。制作会社は、企画《きかく》、出資を行う会社のグループ会社になっていたり、それらの元請《もとう》けを行う会社から依頼《いらい》を受けてアニメ制作にたずさわるなど、その形態はさまざまです。編集、撮影《さつえい》、音響《おんきょう》効果など、それぞれの役割を専門として請《う》け負《お》う制作会社も存在します。

アニメの制作費を出す企業《きぎょう》

アニメ制作会社だけでアニメをつくるわけではありません。アニメ制作にはとてもお金がかかるため、制作費を出す企業《きぎょう》が必要です。過去、日本では一社のみが制作費を出す代わりに、テレビ放送で流れる番組内のコマーシャルはその一社のものにすることがありました。また、玩具《がんぐ》会社が、制作会社に玩具《がんぐ》化できるキャラクターなどが活躍《かつやく》する内容の作品をつくってもらう、などといった形が一般的《いっぱんてき》でした。

しかし、制作費が増えつつある現在では、さまざまな会社がお金を出し合い、作品の企《き》画《かく》や骨組みを考えていく「製作委員会」というシステムを用いることが多くなってきました。製作委員会では、出資するお金が多い会社ほど、作品に対しての発言権が強くなっていきます。自社の小説や漫画《まんが》がアニメ化される出版社なら、原作が売れることで大きな利益となります。レコード会社なら、所属している歌手が主題歌を歌ったり、オーディオ機器メーカーなら、作中でイヤホンなどを登場させてもらい、現実でもその商品が売れるようにするなど、出資した会社は、さまざまな形で利益を得ることが可能です。また、一社提供と比べて、作品が失敗したさいの負担を軽くできる効果もあります。

ただし、大手の映像配信サービスなど、一社でアニメ制作会社とやりとりをして作品づくりを行うケースや、すべてを自社で出資して制作する会社なども存在し、その形はさまざまです。

アニメのイベント

アニメの展開にともなって、さまざまなイベントが開催《かいさい》されます。大きな会場を貸し切って大々的に催《もよお》しを行うものから、既存《きぞん》のお店などとコラボレーションをして、カフェで作品にちなんだメニューを提供するなど、映像以外で視聴者《しちょうしゃ》を楽しませるものが展開されています。また、アニメの舞台《ぶたい》となった地域（土地）が、アニメをきっかけにしてにぎわうこともあり、地方自治体が制作側と協力してイベントやコラボ商品を展開し、まちおこしを成功させることもあります。

このように、今やアニメはさまざまな人や企業《きぎょう》をつなぐ一大産業です。また、自治体などもの参加することで、今までにない新しい文化をも生み出しています。

「アニメーション」って何だろう

静止画を連続して撮影する表現技法、その一連の作品

アニメーションとは

アニメ、すなわちアニメーションにはさまざまな手法がありますが、基本的には、止まった画像を順番に撮影《さつえい》することで、動いているように見せる技術のことを指します。この本では、静止画を連続して撮影《さつえい》し、映像上で動かす表現技法を「アニメーション」と表記し、それを用いた一連の作品を「アニメ」としています。身近なものでは、たくさんの絵を書いた紙をすばやくめくることで絵が動いているように見える「パラパラ漫画《まんが》」も、アニメーションの一種です。

絵を動かすには

アニメーションが登場した当初は、先に書いたパラパラ漫画《まんが》のように紙に描《か》く手法や、背景の絵の上に少しずつ違《ちが》う動きにしたキャラクターの切り絵を順番に置き、1コマごとにカメラで撮影《さつえい》し、その写真をつなげることで映像を制作する手法が取り入れられていました。その後、背景画の上にセルロイド製の透明《とうめい》なシート（セル画）に描《か》かれた絵を重ねて撮影《さつえい》する「セルアニメ」が主流となっていきます。セルアニメは、透明《とうめい》なシートによって、背景はそのままに、キャラクターの絵だけを差《さ》し替《か》えて動かせるので、従来のものよりも労力が少なくてすむようになりました。セル画の登場により、アニメーションの表現の幅《はば》は大きく広がっていきます。現在では紙に描《か》かれた絵をデータとしてコンピュータに取《と》り込《こ》むか、最初からコンピュータ上で描《か》いた絵を素材として使うのが一般的《いっぱんてき》なため、セル画の出番はなくなりました。

また、デジタル技術の発展とともに、背景からキャラクターまで、コンピュータ上で作成した立体物で表現する3DCGのアニメーションも登場しました。3DCGでアニメ調の絵を再現する表現を「セルルック」と呼ぶなど、今でも「セル」という言葉そのものは使われることがあります。近年では、平面に描《か》かれたキャラクターなどの絵をスムーズに動かす技術なども登場しており、アニメーション手法は年々進化しています。

絵の動かし方で見え方も変わる

私たちが目にするアニメーションの映像は、1秒間に24コマの画像が表示されています。過去のアニメは1937年に公開されたディズニーの『白《しら》雪《ゆき》姫《ひめ》』に代表されるような、1秒間に12～24枚、1コマに1枚ないし、2コマに1枚の絵を使用する「フルアニメーション」方式が主に用いられていました。フルアニメーションの映像はとても滑《なめ》らかな動きを表現することができ、日本初のカラー長編アニメ『白《はく》蛇《じゃ》伝《でん》』に活かされるなど多くの作品に取り入れられています。

しかし、1秒のために24枚の絵を用いて再

図表1 1秒間とコマ打ち

1コマ打ち	1	2	3	4	5	6	7	8	9	10	11	12	13	14	15	16	17	18	19	20	21	22	23	24
2コマ打ち	1	1	2	2	3	3	4	4	5	5	6	6	7	7	8	8	9	9	10	10	11	11	12	12
3コマ打ち	1	1	1	2	2	2	3	3	3	4	4	4	5	5	5	6	6	6	7	7	7	8	8	8

1秒

※同じ数字には同じ絵が入る

生時間の長い映像をつくるには、膨《ぼう》大《だい》な費用と人手、時間が必要です。そのため、日本初の30分連続テレビアニメ『鉄《てつ》腕《わん》アトム』では、1週間に1本の30分アニメをつくるために、1秒あたり8枚、3コマに1枚の絵を使用する「リミテッドアニメ」と呼ばれる方式が用いられました。以降、日本ではこの形式が主流となっていきます。

1秒間に8枚の動画にすると、24枚の時と比べて少しカクカクとした動きになりますが、枚数の少なさを逆手にとって、動きの緩《かん》急《きゅう》やスピード感を表現するなど、独自の表現が発展していきました。

リミテッドアニメと呼ばれているものの、常に1秒あたり8枚の絵で動かしているわけではありません。作品によっては、日常のなにげない動きは1秒につき8枚で動かし、アクションを描《か》く時には1秒間に12枚、もしくは24枚の絵を使って滑《なめ》らかな動きを表現するなど、シーンによって使い分けることがあります。1秒間24コマのうち、何コマ連続して同じ絵を使用するかは、「コマ打ち」と呼ばれます(1コマ打ち↓1コマにつき1枚、2コマ打ち↓2コマにつき1枚、3コマ打ち↓3コマにつき1枚)。

そうやって、不自然に見えないようにしながら、枚数をできるだけ少なくしようとしても、30分のアニメ制作では、総作画枚数が3000~5000枚、カット数は300カット前後に上ります。

日本のアニメの歴史

人びとに親しまれ、やがては海外でも高く評価される存在に

日本アニメの誕生《たんじょう》

１９０６年、アメリカで黒板に絵を描《か》き、それをコマ撮《ど》りしたのが最初のアニメといわれています。日本でも１９１０年代から輸入作品が上映されるようになりました。外国アニメの影響《えいきょう》を受けて、日本最初の短編アニメ映画『凸坊新画帖《でこぼうしんがちょう》 芋助猪狩《いもすけいのししがり》の巻《まき》』が公開されたのが１９１７年。このころの日本ではまだセル画が導入されておらず、背景の上にキャラクターを描《か》いた切り絵を配置して動かす手法が一般的《いっぱんてき》でした。１９３０年前後にセル画が導入されるようになり、第二次世界大戦中には『桃太郎《ももたろう》 海《うみ》の神兵《しんぺい》』などの戦意高《こう》揚《よう》のための作品が公開されるなど、時代の流れとともにアニメの技術が変化していきました。

テレビアニメの始まり

１９３７年、アメリカでディズニー初のカラー長編アニメ『白雪姫』が公開され、大きな反響《はんきょう》を呼びました。『白雪姫』が１９５０年に日本でも公開されたことで影響《えいきょう》を受けた映画会社の東映《とうえい》が、１９５６年にアニメスタジオ「東映動画（現 東映アニメーション）」を設立し、１９５８年に日本最初のカラー長編アニメ『白蛇伝』を制作します。

また、１９５３年にテレビ放送が始まると、番組として短編アニメが放送されるようになりました。その後、１９６２年に漫画家《まんがか》の手塚治虫《てづかおさむ》が虫《むし》プロダクションを設立、翌年日本初の連続テレビアニメ『鉄腕アトム』を世に送り出します。週1回の30分番組というスタイルは、現在まで続くテレビアニメの基本となりました。『鉄腕アトム』のヒットを受けて、テレビアニメのビジネス的な価値が注目を集めます。『鉄腕アトム』の後を追うように、『鉄人28号《てつじんごう》』（１９６３年）、『エイトマン』（１９６３年）、『狼少年《おおかみしょうねん》ケン』（１９６３年）、『スーパージェッター』（１９６５年）など、数多くのアニメがテレビ放送されるようになりました。テレビアニメ初期は、まだテレビ放送はカラーではなく白黒の時代です。

社会に認められていくアニメ

　１９７０年代に入ると、『宇宙戦艦《うちゅうせんかん》ヤマト』、『機動戦士《きどうせんし》ガンダム』といった作品を多くの青年ファンを中心とした人びとが楽しむようになり、映画館で公開された劇場版がヒットを記録、一躍《いちやく》社会現象となりました。１９８０年代に入ってからもアニメ映画は続々と公開され、『風《かぜ》の谷《たに》のナウシカ』、『ＡＫＩＲＡ』など、現在でもたくさんの人びとに親しまれている映画が登場してきます。

　また、１９８０年代には家庭用のビデオデッキが普及《ふきゅう》していきました。そのため、アニメ作品のビデオソフト化が進み、テレビ放送や劇場公開をせず、ビデオのみで販売《はんばい》するオリジナルビデオアニメ（ＯＶＡ）も登場しま

す。今と比較《ひかく》してビデオソフトが高価だったこともあり、OVAは、主に熱心な青年ファン向けの作品でした。

1989年に『魔女《まじょ》の宅急便《たっきゅうびん》』、1990年代に入ってからは、『もののけ姫《ひめ》』、『耳《みみ》をすませば』などのスタジオジブリ作品に代表されるアニメ映画が、常にその年の日本映画の興行成績の上位を占《し》めるようになりました。2001年に公開され、米アカデミー賞の長編アニメーション部門を受賞した『千《せん》と千尋《ちひろ》の神隠《かみかく》し』の興行収入は310億円を超《こ》え、2020年公開の『劇場版《げきじょうばん》「鬼滅《きめつ》の刃《やいば》」無限列車編《むげんれっしゃへん》』に突破《とっぱ》されるまで、日本映画の歴代興行収入ランキング1位を記録しています。テレビアニメでも、『新世紀《しんせいき》エヴァンゲリオン』や『ポケットモンスター』が人気を集め、時とともにアニメは子どもだけのものではなく、さまざまな年代の人びとに受け入れられる存在となっていきました。

デジタルへの移行

1990年代後半からは、セル画の廃止《はいし》や3DCGの本格的な導入により、アニメのデジタル化が進んでいきます。現在では3DCGのアニメに加え、手描《てが》きアニメのような質感を表現したセルルック作品も多く見られるようになりました。作品としては、テレビの視聴率《しちょうりつ》の低下により、1日のなかで花形とされる夜19時台に放送するアニメは減少していき、深夜帯での青年向けアニメが増加していきます。2000年代半ばには映像ソフトの収益を見込《みこ》んだ作品が数多く放送され、それまでのアニメと同様、テレビ版を再編集した劇場版や、完全新作の映画が高い興行収入を記録することもありました。

テレビから配信へ

2010年代以降はテレビだけでなく、インターネット上で視聴《しちょう》する映像配信サービスでのアニメ作品が本格的に増えています。そのため、いつ、どんな場所にいても自由にスマートフォンやパソコンで視聴《しちょう》できる配信サービスでアニメを観られるようになりました。視聴《しちょう》者はSNS（ソーシャルネットワーキングサービス）などで話題の作品をすぐに視聴《しちょう》

できるようになり、制作側にとってもいつでも作品を観てもらえるなどといった多くの利点があります。

現在ではゴールデンタイムのテレビ放送が少なくなった一方、劇場で公開されるアニメ作品は昔《むかし》よりも多くなっています。劇場の音響《おんきょう》や大画面を活かし、映画館ならではの体験ができるアニメ映画が、たくさん公開されるようになりました。幼児向けから大人向けの作品まで、さまざまなアニメが手元のスマートフォンやパソコン、そして映画館で日常的に観られるようになり、アニメは実写の映画やドラマと同様、どの世代の人にも日常的に親しめる文化の一つとなっています。

また、海外でも日本のアニメがもつ緻密《ちみつ》なストーリーや技術力は高く評価されており、熱狂的《ねっきょうてき》なファンが数多く存在します。

アニメができるまで

1本のアニメ作品ができるまでを見てみよう

たくさんの人の技術が結集

1本のアニメの制作には、いろいろな技能をもつ人たちがかかわっています。アニメ制作の流れを簡単に見てみましょう。

①企画《きかく》

どんなアニメをつくりたいのか、と企画《きかく》することから始まります。たとえば、ヒットした漫画《まんが》をアニメにしたい、放送局がこの時間に子ども向けのアニメを放送したいなどといった要望や、玩具《がんぐ》会社からアニメに関連するキャラクターやアイテムの玩具《がんぐ》をつくりたいので、そういった登場人物やアイテムが出てくる作品が欲しいなど、さまざまなところから企画《きかく》が生まれます。規模の大きな映画やブルーレイディスクでのアニメを制作する時には、アニメの制作会社や放送局、出版社、スポンサーなどで「製作委員会」をつくり、企画《きかく》をまとめます。何度も会議を重ねて、どんな層をターゲットにするか、どんな内容にするか、監督《かんとく》や脚本《きゃくほん》などのスタッフは誰《だれ》にするか、声優などの配役はどうするか、予算はどのくらいにするかなど、作品の枠組《わくぐ》みを決めていきます。

②脚本《きゃくほん》

アニメ制作の責任者であるディレクターや監督《かんとく》、脚本家《きゃくほんか》が何度も会議をして、イメージを固めながら、具体的な物語の内容をつくっていきます。テレビシリーズだとしたら、全体の流れを見通して、各話の構成を考えることもします。それを脚本家《きゃくほんか》が、人物の動きやせりふなどを考え、より具体的に文章にしていきます。原作のあるアニメでも物語を再構成したり、原作では簡単にふれられていただけの出来事を膨《ふく》らませてオリジナルのストーリーをつくることもあります。

脚本家《きゃくほんか》が書いた脚本《きゃくほん》をディレクターや監督《かんとく》がチェックして、こうしたらもっとおもしろくなるのではないかなど、いろいろな意見を出します。それをもとに、ディレクターや監督《かんとく》のイメージに近づけるために何度か修正します。また、おもしろさだけでなく、動きの多いシーンがたくさんあると絵の枚数が増えて予算を超《こ》えてしまうので、動きを少なくすることなども考慮《こうりょ》します。

③美術設定・デザイン

デザイナーが、アニメに登場する人物やメカなどのデザインをします。また、美術監督《かんとく》が物語の主要な部分を何枚かイラストにして、スタッフ全員が共通のイメージをもてるようにしていきます。さらに、色彩《しきさい》設定のスタッフが、物語全体の色調や登場人物などの髪《かみ》や肌《はだ》、服の色などを決めていきます。

④絵コンテ

絵コンテとは、演出家が脚本《きゃくほん》をもとにデザインやイメージボードを踏《ふ》まえて、作品の構想を簡単なイラストと文章で起こしていく作業です。そのカットの象徴的《しょうちょうてき》な部分をイラストにし、動きやせりふ、音などの指示を文章で書《か》き込《こ》みます。ここでカット割りや、どんなシーンをどういうカメラアングルで見せ

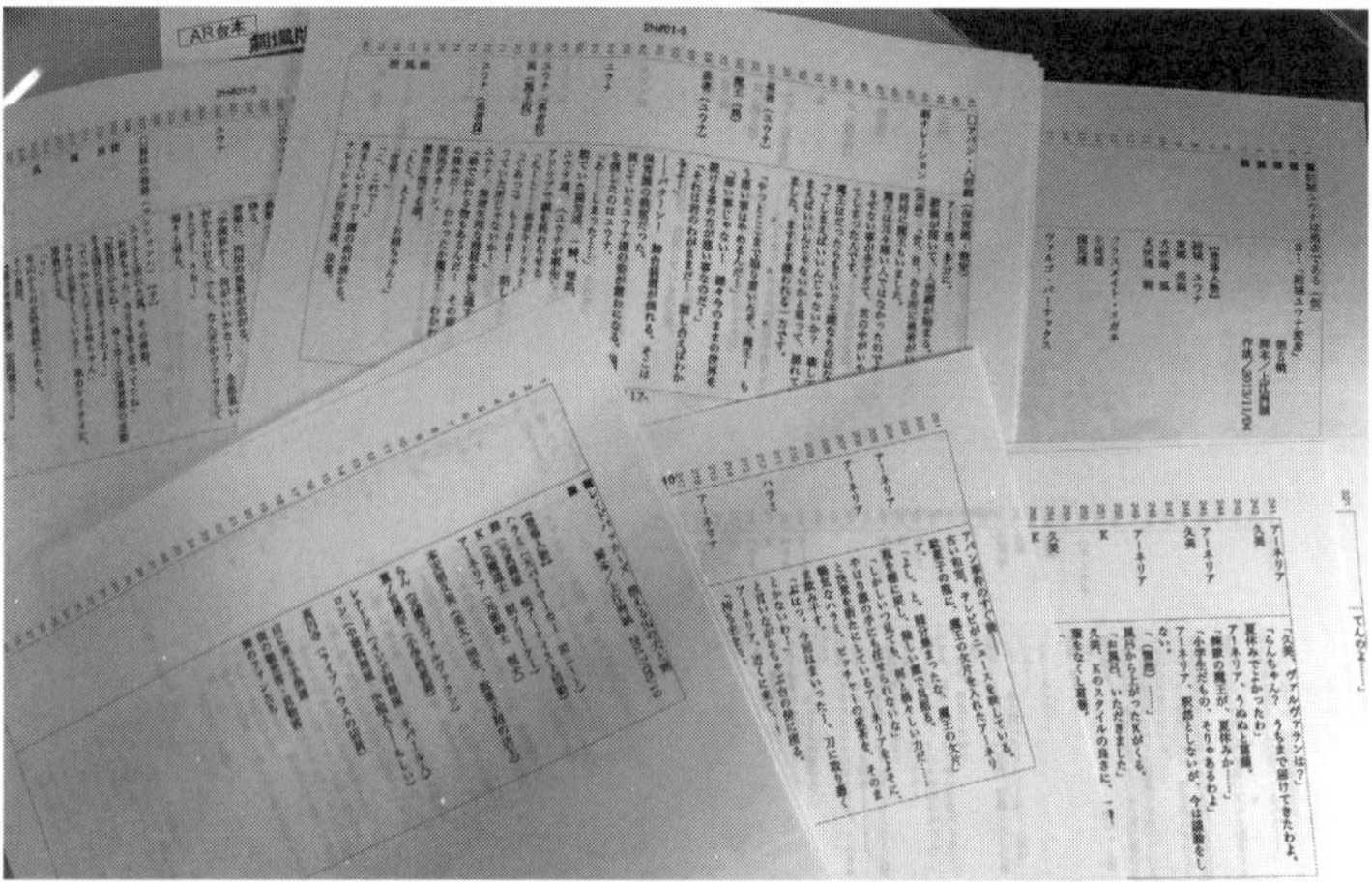

アニメの脚本。せりふや動き、表情なども書かれています　上江洲誠さん提供

図表2 アニメができるまで

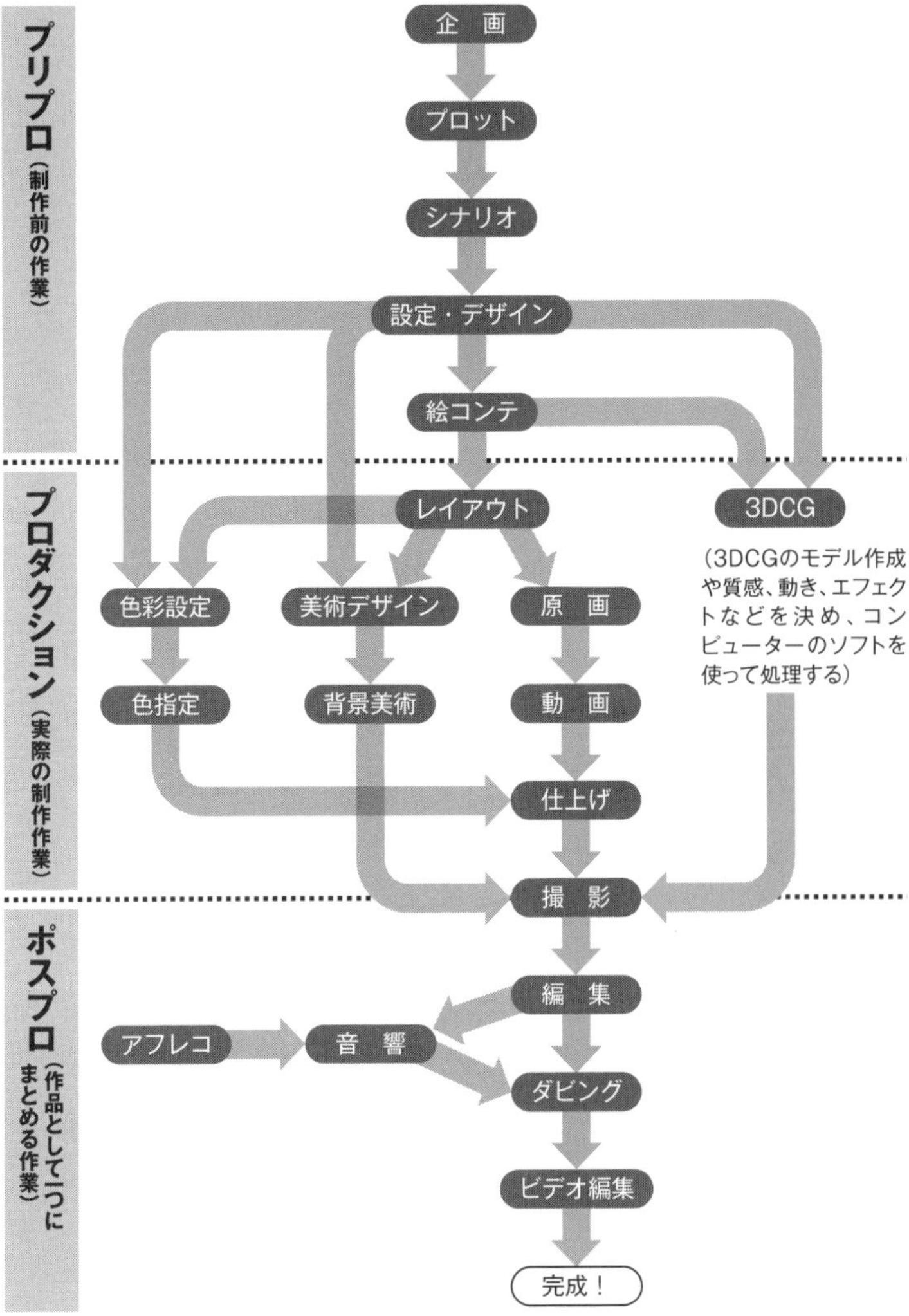
プリプロ（制作前の作業）
企画
プロット
シナリオ
設定・デザイン
絵コンテ
プロダクション（実際の制作作業）
レイアウト
3DCG
（3DCGのモデル作成や質感、動き、エフェクトなどを決め、コンピューターのソフトを使って処理する）
色彩設定
美術デザイン
原画
色指定
背景美術
動画
仕上げ
撮影
ポスプロ（作品として一つにまとめる作業）
編集
アフレコ
音響
ダビング
ビデオ編集
完成！

るかなどが決まります。映像の設計図といえるでしょう。カット割りとは、各シーンの構図やカット、シーンとシーンのつなぎのことをいいます。どのシーンに何秒を使うか、人物をどう動かすか、登場人物にどのようにせりふを言わせるかなど、作品を左右する大事な作業です。テレビシリーズの第1話などは、作品のイメージを明確にするために、監督《かんとく》がこの作業を兼ねることも多くあります。

⑤レイアウト

それぞれのカットの構図や絵の中の物の配置など、絵コンテで決まった映像の流れをより具体的にした画面の設計図です。多くの場合、原画スタッフが作成します。

⑥アニメを描《か》く

実際にアニメを描《か》く作業が始まります。ア

ニメーターには、背景を描《か》く人、原画スタッフ、動画スタッフという役割があります。アニメーションの要所要所となる絵を描《か》くのが原画スタッフ、原画スタッフの描《か》いた絵と絵をつなげる、あいだの絵を描《か》くのが動画スタッフの役割です。動画スタッフは、たいていの場合、経験年数の浅いアニメーターが担当します。メカや動きの激《はげ》しいシーンなどは、よりリアルな迫力《はくりょく》を出すために3DCGで制作します。

3DCGとは、立体的なコンピュータグラフィックのことです（カラー口絵6ページ「3DCGと撮影《さつえい》処理」参照）。現在では、すべて3DCGで制作された作品も増えています。最後に、色彩《しきさい》設計で決められた通りに色付けしていきます。

撮影処理によって、窓の外の夕焼けの光、キャラクターの光の照り返しなどの効果が足されています
「鷲尾須美#3」場面カット『結城友奈は勇者である』原作：Project 2H　制作：studio 五組
峰岸健太郎さん提供

⑦撮影《さつえい》

デジタル化が進む前は、撮影台《さつえいだい》の上で背景とキャラクターをフィルムで撮影《さつえい》して合成していました。今ではコンピュータ上で専用ソフトを使い、背景や登場人物など、それぞれに描《か》かれた素材を合成し、一つの画面にします。実際に撮影《さつえい》するわけではありませんが、この工程を言い習わしとして「撮影《さつえい》」と呼んでいます。撮影《さつえい》では、素材の合成とともに光の加減などの特殊《とくしゅ》効果も加えます。

⑧編集

撮影《さつえい》までの工程は、それぞれのカットごとに行われます。できたカットをつないで1本のお話にするのが編集の仕事です。おおよその長さは、上映時間を考えて制作されていますが、つないでみて上映時間ぴったりの時間

編集作業を行う部屋。できあがったカットを順につなげていき完成に向かいます

になるということは、まずあり得ません。短すぎる時は与《あた》えられた素材でどうやって長くするかを考え、長い時はせりふの間を詰《つ》めるなど、秒単位で調整をしていきます。作品のテンポなどにもかかわる大切な仕事です。

⑨音響《おんきょう》

映像に合わせて声優が声を録音したり、音響《おんきょう》スタッフが音楽や効果音を入れます。声優が声を入れる段階では、ときに本番の画像ができていなくて、線画など未完成の作品を見ながら作業をしなければならないこともあります。

⑩ビデオ編集

声優の声や効果音、音楽などを映像に合わせてはめ込んで、1本の作品ができあがります。

できあがった作品は、発注元の放送局や映画会社、動画配信サイト会社などに送られます。現在は、それぞれの会社が指定してくるデータの形式にし、インターネットにアップロードして、発注元の会社がダウンロードするという形が多いでしょう。場合によっては、データをDVDやブルーレイディスクにしたり、外付けのハードディスクに入れて手渡《てわた》すこともあります。その後、発注元の最終チェックで問題がなければ、放映されることになります。

2章

ドキュメント

アニメを生み出すプロフェッショナル！

ドキュメント 1 監督

世界に通用するエンターテインメント作品を

ロジスティックス
岸《きし》誠《せい》二《じ》さん

岸さんの歩んだ道

子どものころからアニメやゲームに親しんで育った岸さん。高校卒業後、滋賀《しが》県から上京し、アニメの専門学校に入学。専門学校での学びを経て、アニメーターとしてアニメ制作会社に就職。やがて独自のチャレンジを続け、会社を移ってからは演出の道へと進みます。現在は、さまざまなジャンルのアニメ作品で監督《かんとく》を務めています。

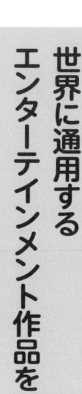

アニメ監督《かんとく》を志し、上京

子どものころから漫画《まんが》やアニメ、ゲームなどが好きで、中学生の時にはアニメづくりを仕事にしたいと考えていました。高校で進路を決めるさいに、アニメーションをやるには専門学校で技術を学ぶのが早いのかなと考え、滋賀県から上京して、代々木《よよぎ》アニメーション学院《がくいん》のアニメ学部に入学しました。

当初はスタジオジブリの宮崎駿《みやざきはやお》さんのように絵が描《か》ける監督《かんとく》になりたいと思い、アニメーターの勉強をしていたのです。しかし、この業界の絵が描《か》ける人はとてつもなくレベルが高く、在学中に自分との才能の差を感じました。そのため、すぐに演出一本でやっていきたいと考えるようになっていきます。

当初は亜細亜堂《あじあどう》というアニメの制作会社にアニメーターとして入社したのですが、その後、今の会社であるロジスティックスへと移り、演出の道に進み始めました。演出は一般《いっぱん》的《てき》には、制作進行の仕事などをある程度こなしてから声を掛《か》けてもらうパターンが多いといわれています。ですが、当時の自分はそんなに待てないと思い、独自に営業して仕事を取り、ゲームに使用されるアニメーションを演出する仕事をしていました。今は発注元の会社がどの演出家に依頼《いらい》するかを事前に決めていることが多いと思いますが、当時はまだ商業的にチャレンジできる部分が多かったので、僕《ぼく》のような道筋で演出家デビューをすることができたのでしょう。

監督《かんとく》は「船長」のようなもの

各スタッフと話し合いながら、作品を構築する作業が監督《かんとく》の主な仕事です。みずから作品の企画《きかく》を出していく監督《かんとく》もいますが、僕《ぼく》の場合はジャンルを問わず、メーカーなどのスポンサーから依頼《いらい》されたものをつくっていくパターンが多いです。

この仕事について説明する時、僕《ぼく》がよく使うたとえが、「船長」です。船長は、船のオーナーから「この地図を元に宝島に行ってください」と言われたら、航路を決めたり、クルーを選んでいったりしますよね。ただ、それも一筋縄《ひとすじなわ》ではいきません。天候やクルーとの人間関係など、さまざまなアクシデントが起きて、宝島に無事たどり着けるかもわからない。実際、座礁《ざしょう》する船もたくさんあると思います。目標とは違《ちが》う島に辿《たど》り着《つ》くこともあります。

指示出しの打ち合わせと、その確認のみで1日が終わります。スタッフが抱《いだ》いている作品のイメージがそれぞれ違《ちが》うので、そこからどう監督《かんとく》の考えるイメージに近づけていくかがポイントとなります。ただ、各スタッフから予想外のアイデアが出てくるのも集団で作業する良い部分なので、最低限のルールは提示しつつ、予想外のものを受け入れて良い形にしていくのが理想的な監督《かんとく》の仕事ですね。

たとえば、自分の出した要望と少し違《ちが》うキャラクターの絵などが提出されてきたとしても、大きく方向性がずれていなければ、その案をもとに進めていくことが多いです。センスのある人との仕事では、自分が想像した以上の

岸さんの監督作品『結城友奈は勇者である』　峰岸健太郎さん提供

ものを提示していただけることが多いので、そこは脚本《きゃくほん》や作画など、それぞれの担当のプロに任せるようにしています。そういったスタッフの力を引き出すのも仕事のうちかもしれません。

監督業《かんとくぎょう》はほかの職種との連携《れんけい》が命の仕事なので、各分野の仕事を把握《はあく》し、それぞれの仕事の言葉で話していく必要があります。各分野に専門用語があったりと、とにかくコミュニケーションが難しいです。世の中では監《かん》督《とく》＝作家として扱《あつか》われることも多いですが、すべてが監督《かんとく》の思い通りに進むことはありません。もちろん、責任を負って作品をまとめていく以上、個性はどこかに現れます。作家かといわれると、そういう側面もあるにはありますが、どちらかというと集団作業をまとめる役割が非常に大きいのです。

ぎりぎりの状況《じょうきょう》で何を選び、削《けず》るか

この仕事が難しいのは、お金、スケジュール、作品の傾向《けいこう》など、さまざまなことが原因となって問題が発生するなか、それらを乗《の》り越《こ》えて視聴者《しちょうしゃ》が満足できるものを提供しないといけないことです。あたりまえのことですが、いい加減な作品づくりはできません。ぎりぎりのなかでせめぎあってつくっていると、どうしても時間が足りなくなって、なんとか納期に間に合わせる……いつも最後はそんな状況《じょうきょう》になります。

最初は、表現したいことをすべてやる！という気持ちでスタートしますが、スケジュールなど諸々の事情で、削《けず》り落《お》とさざるを得ない部分も出てきます。極端《きょくたん》な話、どんな作品でも、視聴者《しちょうしゃ》が見てそれをおもしろいと思ってもらえれば「良い作品」なのですが、削《けず》っていく作業は自分が何をやりたいかがはっきりする瞬間《しゅんかん》でもありますね。

「もうあと2時間しかないんです！」などという ぎりぎりの状況《じょうきょう》でどう決断するか……そこで心が折れてしまうかどうかで、最終的な作品のクオリティーは変わってきます。「自分たちがつくりました！」と責任をもって言えるかどうかは大きいですから。

時代と世界に取り残されないための努力

アニメづくりは、アイデアを練ってから完成するまで、長い場合は3～4年かかるので、3～4年後にどう視聴者《しちょうしゃ》が受け止めるかと考えなくてはいけないのも大変な部分です。たとえば、シナリオに現在の流行語をたくさん入れたら、今は受け入れられても、3年後には古さを感じてしまうでしょう。作品で扱《あつか》う価値観も、昔《むかし》は逃《に》げずに障害に立ち向かうものが主流でしたが、現在は障害から逃《に》げたり、距離《きょり》を置くのも手段の一つとして受け入れられています。若い世代の価値観を無視すると、受け入れられなくなりますし、僕《ぼく》たちと視聴者《しちょうしゃ》のあいだに大きなずれが出てしまうので、その点は常に気をつけていますね。

自分が良いと思ったものだけを世に出して認めてもらえればそれがいちばんですが、なかなか難しいです。時代も客層も変わっていきますし、人の考え方も変わっていきます。あまり一辺倒《いっぺんとう》なものだと、取り残されてしまいます。

そんな難しさがあるからこそ、視聴者《しちょうしゃ》から良い反応をもらえた瞬間《しゅんかん》は、仕事にやりがいを感じます。どんなに大変な思いをしてつくったとしても、喜んでいただければ良いと。作り手が失敗したと思っていても視聴《しちょう》者《しゃ》がいいねと言えばそれで良いという話ですから。

近年は漫画《まんが》や小説の原作だけではなく、オリジナルの話をつくることが多くなってきました。僕《ぼく》もすでに人気のある原作の力を借りずに、オリジナルでどこまでおもしろさを視聴者《しちょうしゃ》に提示できるのか、挑戦《ちょうせん》を続けていきたいです。現在の主流は配信サイトなので、最初から世界中の人びとが作品を観ることができる環境《かんきょう》がそろっているんです。作品をつくるさいも、最初に「世界で展開することを前提としてつくってください」と言われることも多いので、世界を相手に勝負ができ、そのうえで大きな結果が出せるようにがんばっていければ良いかなと。会社としては、大きな規模のエンターテインメント作品と、短くてもしっかりとまとまっているオリジナルの短編作品を並行《へいこう》して展開していくつもりです。

アニメ監督《かんとく》になるには？

アニメ制作会社に就職して、自分は監督《かんとく》をやりたいとアピールをし続け、少しでもチャンスがあれば飛びつくのが近道です。もし僕《ぼく》が今学生なら、自分で勝手につくって、YouTubeで公開しているかもしれません。そういった場所で評価を得て、世に出る選択《せんたく》肢《し》もある時代だと思います。

絵心があまりない……という人でも演出の仕事はできますが、結局は映像を撮《と》るし、それらの指示は絵コンテを通して行われるため、絵の練習はもちろん、多くの作品にふれたりして、最終的な絵をイメージして指示できる力は身につけておいたほうが良いと思います。ただ、プロデューサーは、絵心がなくとも作品のコントロールにたずさわれます。プロデューサーは人員配置や作品の方向性を監督《かんとく》としっかり話し合い、作品をまとめる立場になります。監督《かんとく》だけが作品をコントロールするわけではないので、プロデュースサイドから入って作品をつくっていくのも選択肢《せんたくし》としてありますよね。

必須《ひっす》なのは、多彩《たさい》な経験ですね。なんでも

「好きなものにのめりこんで経験を積んでください」　吉田真奈撮影

いいからたくさん好きなことをやっておくべきだと思います。さまざまな経験がすべて演出に活きる世界なので、机にかじりついて絵を描《か》いているだけでは通用しないのです。バイクが好きならバイクに乗ればいいし、旅行が好きなら旅行すればいいし、それこそ時間のある学生のうちでないとできないことは、なんでもやるべきです。そうすれば、それらの経験が勝手に演出に活きていきます。真面目に勉強だけをしていてもいいことはないので、さまざまなことに挑戦《ちょうせん》すると良いのではないでしょうか。少なくとも監督《かんとく》とか演出をやりたい人は、いろいろなことにたずさわり、知識や経験を仕入れておいてほしいです。アイデアの引き出しは、いくらあっても損することはありません。

ドキュメント 2 脚本家

技術と魂が求められる仕事

上《う》江《え》洲《ず》 誠《まこと》さん

取材先提供（以下同）

上江洲さんの歩んだ道

ものづくりに興味があり、大阪芸術《おおさかげいじゅつ》大学の映像学科へ進学。在学中に執筆《しっぴつ》していたホームページの記事が編集プロダクションの目に留まったのがきっかけで上京し、脚本家《きゃくほんか》デビューを果たします。その後、しだいにプロとしての自信をつけていった上江洲さん。現在に至るまでの20年間、さまざまなジャンルのアニメ作品を手《て》がけ、活躍《かつやく》を続けています。

意外な脚本家《きゃくほんか》への道

小学生のころからアニメやゲームが大好きで、パソコンでゲームのプログラミングもしていました。ただ、勉強は嫌《きら》いで、中学、高校の成績は良くありませんでした。進路に悩《なや》んでいた高校生の時、実技だけの推薦《すいせん》入試がある大阪芸術大学の存在を知り、映像学科へ入学しました。そのころは、物をつくる仕事には就きたかったのですが、脚本家《きゃくほんか》になることなどまったく考えていませんでした。

脚本家《きゃくほんか》になったきっかけは、大学時代に僕《ぼく》が運営していたホームページに書いた、読者を想定した映画や本の感想です。それを見たアニメ制作にもかかわる編集プロダクションにスカウトされ、デビューをすることになりました。脚本家《きゃくほんか》デビュー自体は２００２年ですが、「僕《ぼく》はプロの脚本家《きゃくほんか》だと名乗っていいんだな」と手応えを感じたのは、フリーランスになってから2年後の２００６年のアニメ『うたわれるもの』を手がけた時です。以来15年、脚本家《きゃくほんか》を続けています。

脚本家《きゃくほんか》は小説家ではない

脚本家《きゃくほんか》は制作会社などから依頼《いらい》を受けて、はじめて仕事が始まる職業です。僕《ぼく》は脚本家《きゃくほんか》と「シリーズ構成作家」という二つの肩書《かたが》きをもっています。シリーズ構成作家というのは、数名の脚本家《きゃくほんか》で書く場合、チームのリーダーとなり、たとえば1クール（放送契約《けいやく》期間。一般的《いっぱんてき》には3カ月）12話の中でどういったお話の流れにするかなど、全体の流れを決める仕事です。

脚本家《きゃくほんか》は求められる脚本《きゃくほん》を確認する打ち

合わせがとても重要です。自分のためでなく、監督《かんとく》のためという意識をもって、相手のイメージを見極めなければなりません。その会議は1回で終わらないのが常で、非常に根気のいる作業です。監督《かんとく》も、イメージをはっきりもつ人もいれば、脚本家《きゃくほんか》にお任せという人まで、さまざまな人がいます。打ち合わせを怠《おこた》って、監督《かんとく》は人間ドラマを描《えが》きたいのに、脚本家《きゃくほんか》がアクションの多いものを書いたとしたら、それは脚本家《きゃくほんか》のミスですし、人間関係の衝突《しょうとつ》につながります。それはプロとして避《さ》けなくてはならないので、監督《かんとく》がどんな脚本《きゃくほん》を欲しがっているかを完璧《かんぺき》に把握《はあく》する必要があるのです。監督《かんとく》のイメージが定まっていない場合、僕《ぼく》は監督《かんとく》からイメージを聞き出せるまで、打ち合わせを続けます。

僕《ぼく》は脚本家《きゃくほんか》には三つのルールがあると思っています。ひとつ目は、ここまでお話しした「監督《かんとく》やプロデューサーの意向に沿うこと」。

二つ目は「意図されているターゲットを理解すること」。子ども向けの作品や、もう少し年齢層《ねんれいそう》の高いアニメを趣味《しゅみ》にしている人にブルーレイディスクを売りたい作品など、作品によって趣旨《しゅし》が違《ちが》うので、それを理解する必要があります。

三つ目は「映像化できないことは書かないこと」です。すごく楽しい派手なアクションが入っている作品をつくりたくても、実際にはスケジュール、予算、技術力などの制約があります。作品のストーリー、テーマ、主人公を踏《ふ》まえたうえで、その制約のなかで映像として実現可能なものを原稿《げんこう》にすることが大切です。

依頼《いらい》してきた人に成功したと感じてもらう

ホワイトボードを前に議論しながら内容を検討します

ためには、以上三つのルールを守らなくてはなりません。脚本家《きゃくほんか》は、作品のなかで個性を発揮する小説家的な面もありますが、その前に番組をつくるチームのなかの一員でもあるのです。そういう意味では、限られた素材で家を建てなければならない職人という部分もありますね。

　脚本家《きゃくほんか》は監督《かんとく》やプロデューサーとだけ打ち合わせができていれば良いのですが、僕《ぼく》はキャラクターデザイナーや作曲家とも会います。服の柄《がら》が左右で違《ちが》うキャラクターは絵のミスが多くなるので避《さ》けたいなど、絵を描《か》く側の都合もたくさん発生します。また、アニメーターが楽しんで取り組んでくれるアイデアやストーリーも盛《も》り込《こ》みたいです。そして、良いアニメは、絵だけでなく音も魅力的《みりょくてき》だと考えているので、とにかく良い音楽のアニメになるよう、音楽会議まで意見を出します。

仕事中は打ち合わせの連続

毎週決まった曜日・時間に脚本《きゃくほん》会議があるため、会議前日までに原稿《げんこう》を書かなくてはなりません。会議では監督《かんとく》やプロデューサーとともに、その週の打ち合わせをします。

会議の時点で脚本《きゃくほん》がおもしろくなかったり、映像にできないと判断されたりすれば書き直しです。オーケーが出てからも大変で、たとえば、監督《かんとく》から細かな修正の指示が来ます。たとえば、廊下《ろうか》を歩いているシーンは何枚もの絵がいるので、絵が動かない立ち話をしているシーンに脚本《きゃくほん》を書き直しする、などです。そういった打ち合わせをどのアニメでも4回ほど重ねます。

1クールのアニメの場合、3カ月から6カ

執筆中の上江洲さん

月ですべて書き上げる必要があるので、1本に4週間かけると、一人でかかえている場合は締《し》め切《き》りに間に合わなくなってしまいます。そのため、脚本家《きゃくほんか》は3、4人のチームで書くことが多いです。脚本《きゃくほん》で妥協《だきょう》すると、その後の完成品への影響《えいきょう》がとても大きいので、必要ならそれ以上の時間をかけることもあります。今売れている監督《かんとく》たちは、スケジュールに多少響《ひび》いても、脚本《きゃくほん》の打ち合わせの時に妥協《だきょう》しない人が多いです。

新型コロナウイルス感染症《かんせんしょう》の流行後は完全にリモートになったため、会議中の雑談もなく、家からアニメスタジオまで移動する必要もなくなりました。それまでは、「どんな映画を観ましたか」などのちょっとした雑談がアイデアにつながったりすることもあったため、寂《さび》しい気持ちがあります。

今お話ししたスケジュールで20年執筆《しっぴつ》してきて、僕《ぼく》は必ず土日は休むようになりました。若い人は、「良いものをつくらなくてはならない！」というプレッシャーのなかで、ときには休憩《きゅうけい》したり遊んだりすることへの罪悪感が強い人もいると思います。ですが、煮詰《につ》まっている時こそリフレッシュし、脳を休めるほうが効率も良いです。

アニメ脚本家《きゃくほんか》になるには？

脚本家《きゃくほんか》になるには、アニメ会社に制作進行スタッフ、設定制作スタッフなどの職種で就職し、自分は脚本家《きゃくほんか》になりたいとアピールしてデビューする。これがいちばん主流です。アピールし続ける人は、「試しに書いてみなさい」と言われるし、書き上げたものが良い内容であればデビューできるでしょう。

ふだん依頼《いらい》している脚本家《きゃくほんか》よりも良いものを仕上げる新人がいれば、当然、良いものを仕上げてやる気がある人のほうを使いたくなりますから。ほかには、プロの小説家であれば、アニメのプロデューサーのほうから声をかけることもあります。

脚本《きゃくほん》に必要なのは、魂《たましい》と技術

脚本《きゃくほん》は映像の設計図なので、とても技術的に書かれている文章です。物語を決まった時間内に収める配分や、キャラクターの活躍《かつやく》のバランス、ドラマの緩急《かんきゅう》のコントロールなど、さまざまな文章テクニックを活かして設計図を書くので、勉強と練習で技術だけは覚えられます。そこから数をこなすことで、技術をどう使えばお客さんが感動するのか、ヒットするのかがわかってきます。そこまでで、プロにはなれます。

ただし、技術だけでは傑作《けっさく》はつくれません。傑作《けっさく》とは観客の心を動かすもので、それを成《な》し遂《と》げるのは作者の心なのです。物事をユニークに分析《ぶんせき》する考え方や、その脚本家《きゃくほんか》ならではの語り方などが相手の心に通じて、はじめて視聴者《しちょうしゃ》は感動します。たとえば学校のいじめをテーマに書くとしても、いじめはいけないと伝えるだけならば、誰《だれ》にでもできます。そこに、作者の心の中にしかない視点が入ることで、オリジナリティーのあるものが生まれるのです。僕《ぼく》たちは、魂《たましい》のレベルで人を感動させられる感受性や知見をもっているかを競い合うレースをいつもしています。脚本家《きゃくほんか》をめざすならば、いろいろな物事への感じ方を大切にしてほしいですね。

勉強も大切です。僕《ぼく》は歴史が苦手だったの

これまで上江洲さんが手がけた作品の脚本

ですが、プロになってから歴史の知識が要求され、慌《あわ》てて中学校レベルの勉強からし直す必要がありました。今は、いろいろなことにくわしくなりましたが、ちゃんと勉強しておけばよかったなあと思いました。専門的な知識、得意ジャンルがある人は有利です。大学で学ぶ専《せん》攻《こう》科目など、ほかの人が知らない知識は新しい設定や展開を生み出すきっかけになります。みんなが知らないことが書いてあるだけで、お話はもう一段階おもしろくなりますから。

　僕《ぼく》は、全力でつくり込《こ》まれたものでないと、観ていてもつくっていても、おもしろくないと思っています。全力というのは大変なことなので、限られた人生の中で不本意な仕事をしてはいけません。今は「自分が思っていないことは書かない」を徹底して、常に「最後の作品」だと思って作品づくりを心がけています。

ドキュメント 3 アニメーター

24コマのなかの1コマに愛情をそそぐ

前田園香《まえだそのか》さん

前田さんの歩んだ道

子どものころから絵を描《か》くのが好きで、兄の影響《えいきょう》もあってアニメーターになることをめざしました。専門学校では、作画技術だけでなく撮影《さつえい》処理についても学び、「1本のアニメ作品を自分一人でつくれるようになること」が目標でした。現在はフリーランスとしてフルデジタルのアニメ制作会社で、たくさんのアニメ制作にたずさわり、がんばっています。

専門学校への進学

兄がアニメにかかわる仕事をしていることもあり、ほかの人に比べてアニメ業界の実情については、くわしかったかもしれません。私は兄はアニメの撮影《さつえい》の仕事をしています。私は絵を描《か》くことが好きだったので、中学生のころにはすでにアニメーターをめざしたいと思っていました。

高校で進学を考えるようになった時期、まず美術系の4年制大学への進学を考えました。私が進学を検討した美術系の4年制大学は、「アニメーションを学ぶカリキュラム」が準備されていました。けれど、学ぶといっても、テレビで放送されるような商業的なアニメ作品について学ぶのではなく、アートアニメの手法や映画論など、アニメーションの概論的《がいろんてき》なことを学ぶ内容でした。

その時の私は、実際にアニメをつくるための作画ソフトの使い方など、商業的なアニメ制作について知りたいという気持ちが強かったので、より実用的な技術を学びたいと考えました。そして、デジタルアーツ東京という専門学校に進学することに決めたのです。

アニメーターになって、まわりを見回してみると、美術大学出身の人もたくさんいます。大学によっては、概論《がいろん》も実技も学べるところがあるので、自分なりによく調べてみるのが良いでしょう。

アニメーターコースで学んだこと

アニメーターは、キャラクターの芝居《しばい》や背

景美術のもととなる原図を描《か》くのが仕事です。

私は、ＳＮＳやスマートフォンが日常にあった世代です。パソコン上でペンタブレットを使って絵を描《か》くことに慣れていて、紙に鉛《えん》筆《ぴつ》で描《か》くことには馴染《なじ》みがありませんでした。線1本描《か》くにしても、紙に鉛筆《えんぴつ》で描くのとパソコン上で描《か》くのとは別ものです。

アニメ業界でもデジタル化が進みつつありますが、業界の比率でいうと紙と鉛筆《えんぴつ》で描《か》いている人が7〜8割くらいでしょうか。まだまだ、アナログでの作画が主流です。

デジタルアーツ東京では、デジタル作画と、紙と鉛筆《えんぴつ》を使ったアナログの作画、両方の授業があります。アナログではどんな線が求められるかということからていねいに教えてもらえて、就職してからとても役に立ちました。学校の授業を通して、紙で描《か》く時とデジタルで描《か》く時との違《ちが》いを実感し、自分はより身近で慣れ親しんでいるデジタル作画専門のアニメーターになりたいと思うようになりました。

アニメの工程を知ることで得たこと

アニメーターになりたくてアニメーターコースを選びましたが、私には作画技術を学ぶ以外に、撮影《さつえい》の工程も学んで、自分一人でも1本のアニメーションをつくれるようになりたいという目標がありました。

しかし、アニメーターコースはカリキュラム上、作画の授業を主としていて、撮影《さつえい》技術をメーンとするのはアニメ彩色《さいしき》コースです。そこで思い切って、デジタルアーツ東京の入学前の説明会で、「撮影《さつえい》技術についても学びたいのですが、どうしたらいいですか」と相談したところ、時間割りを調整してもらえることになりました。アニメーターの授業がない時に、撮影《さつえい》の授業に出てもいいと許可をもらえたのです。撮影《さつえい》技術も学べた経験は、のちにアニメーターになってからも、とても役に立つものでした。

撮影《さつえい》はアニメーターが作画をしたあとの絵を合成したり、特殊《とくしゅ》効果を入れる処理をするパートです。仕事を進めるうえで、つぎにどんな工程があるかを知らずに作業をすると、完璧《かんぺき》に仕上げたつもりでも、つぎの工程を担当するスタッフが扱《あつか》いづらいものになってしまうこともあります。どんな作業があるのかがわかっていると、データのつくり方ひとつをとっても、つぎのスタッフが作業をしや

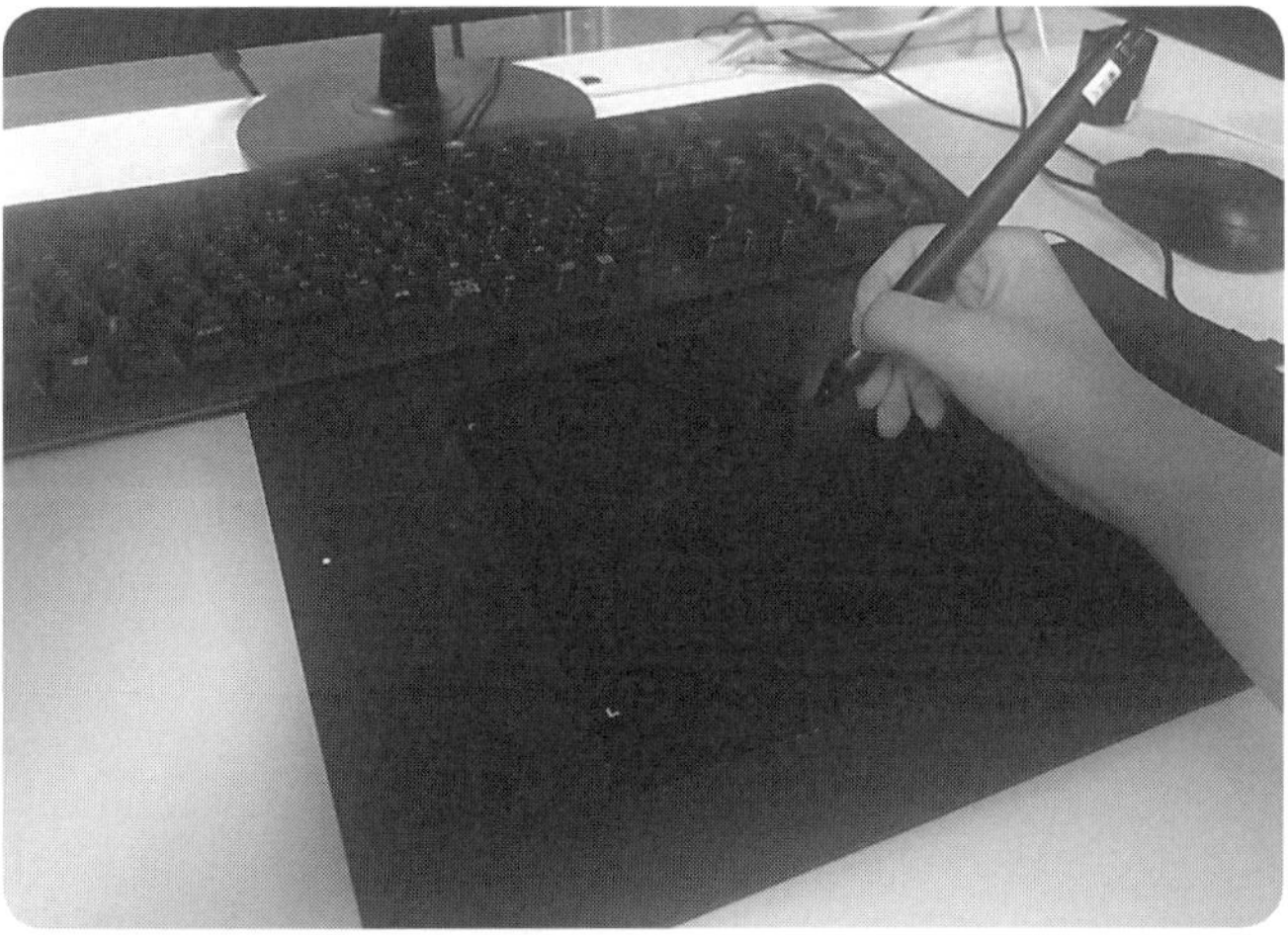

板のようなタブレットとタッチペンを使用します　取材先提供

すいようにつくることができます。

スケジュールを組む時も同様です。あまりにギリギリまで作画の作業時間にあててしまうと、撮影《さつえい》の工程で作業する時間がなくなってしまいます。撮影《さつえい》のパートでどういう作業があるのかを知っていれば、相手のことを考えたスケジュールを組むことができます。

たくさんの役割の人が集まって、ひとつの作品をつくるのがアニメ業界です。つぎの人の作業内容を考えられるような広い視野が、スムーズな連携《れんけい》を生むのだと思います。

画力をアピールした就職活動

アニメーターの就職活動は、ポートフォリオ（描《か》いた絵をファイリングした作品ファイル）で、どれだけ自己ＰＲできるかが重要です。志望する制作会社にポートフォリオを見てもらい、どれだけ画力があるのか、どんな絵を描《か》けるのかを判断してもらいます。

制作会社によって、採用したいアニメーターの需要はさまざまです。色をつけた絵はポートフォリオに入れないでほしいという会社から、高い画力の人だけを採用したいから、クロッキー（対象物を短時間で簡潔に描《か》いた作品）だけを入れてきてほしいという制作会社もあります。

私の場合は、ファイルの最初には、まず写実的な絵を入れて、つぎにラフなクロッキー、いろいろなポーズやアングルで描《か》いた絵、さらに背景とキャラクターの全身を描《か》いた絵など、いわゆる「アニメっぽい絵」だけではなくさまざまなタッチのものを入れました。これは、いろいろな絵が描《か》けることをアピールするための、私なりの工夫です。制作会社にいろいろな需要があるように、アニメーターのタイプもさまざまです。自分の強みを分析《ぶんせき》して、おたがいが良いと思える制作会社と出合えるようなポートフォリオを作成して、判断してもらおうと考えました。学校の先生からもアドバイスをもらい、企業《きぎょう》来校イベントや会社見学に参加してポートフォリオの途《と》中《ちゅう》経過を見ていただき、少しでも反応がよくなかった絵は即座《そくざ》に新しい絵に差《さ》し替《か》えることもありました。

そうした就職活動を経て、デジタル作画を専門に手がけるアニメ制作会社に就職することができました。

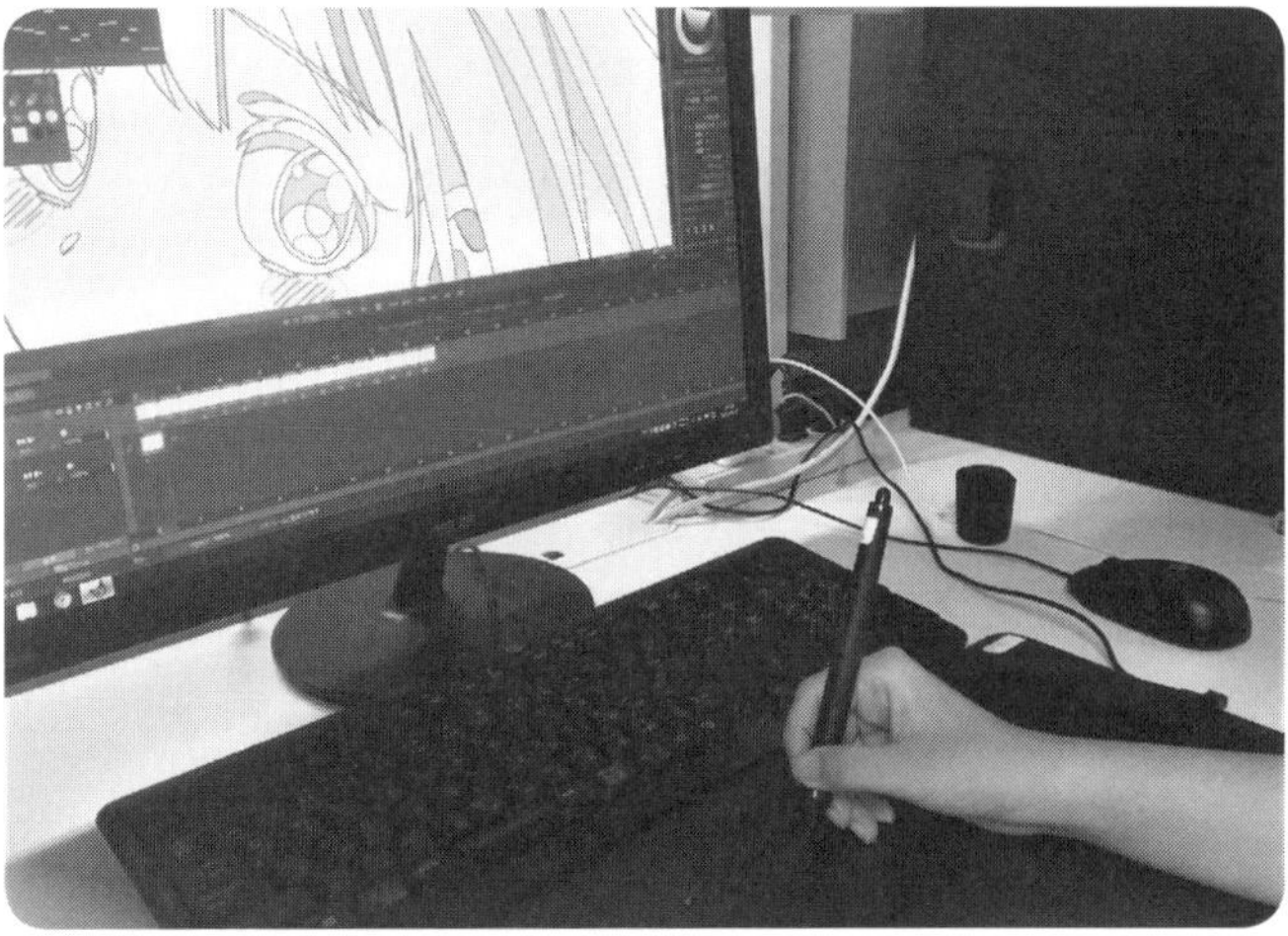

紙にペンや筆で描いているかのように操作できます　取材先提供

アニメーターの仕事

アニメーターのキャリアは多くの場合、動画スタッフになるところから始まります。

アニメの作画工程では、まず原画スタッフがアニメの動きのポイントとなる絵を描《か》きます。しかし、原画スタッフが描《か》いた絵だけでは、アニメーションとして動かした時にスムーズに動きません。原画スタッフの絵と絵のあいだに足りない絵を描《か》き足《た》していくことで、はじめて動きのあるアニメーションができあがります。

会社にもよりますが、大体2〜3年は動画スタッフを経験してから原画スタッフになることが多いようです。その後のキャリアはさまざまですが、原画スタッフから作画監督《かんとく》になり、そこからさらにキャラクターデザインや小物・衣装《いしょう》のデザインといった、設定をつくる役割につく人もいます。

毎年、新規卒業者を採用している制作会社なら、どんどん後輩《こうはい》が入ってくるので、自然に上の役割についていくことが多いでしょう。しかし、私の場合は、経験者採用が多い会社に所属していたため、4年目になっても後輩《こうはい》がいないという状況《じょうきょう》でした。「やってもいいよ」と言ってもらえるように、誠実に仕事をして作画の技術を身につけ、「原画の仕事をしたいです!」と声をあげ続けることがキャリアアップにつながりました。

アニメーターに向いている人

アニメが好きといっても、つくるのが好き

なのか、見るのが好きなのか、では大違《おおちが》いです。もし、この仕事に興味があったら、まずはノートにパラパラ漫画《まんが》を描《か》いてみるといいと思います。小さくても、ひとつの作品をつくりあげる経験をすることで、見えてくるものがあるのではないでしょうか。

そして、基本的な絵を描《か》く力が求められるのはもちろんですが、描《か》く速度も重要です。もし、アニメーターをめざすと決めているのであれば、絵をたくさん練習して、絵のうまさと同時に描《か》く速さを身につけると、将来的に大きな武器になるでしょう。

物づくりの現場ですので、どうしても期限が差《さ》し迫《せま》り、忙《いそが》しくなる時があります。ときには、納期を守るため残業することもあります。そうすると、最後に求められるのは、描《か》く速さです。

日々、作画の技術をみがくことはもちろんですが、完成をめざしてどこまでもがんばれるような熱さやガッツは必要です。

アニメーションを1秒つくるためには、24コマの絵が必要ですが、この24コマの1コマ1コマにどれだけ誠実に向き合えるかが、アニメーターに必要な心構えだと思います。作品づくりのさいに、そんなふうに思えるような人なら、いいアニメーターになれるのではないでしょうか。

ドキュメント 4 声優

自分の意思を強くもって、行動に移すことが大切

本《ほん》多《だ》真《ま》梨《り》子《こ》さん

吉田真奈撮影（以下同）

本多さんの歩んだ道

もともとアニメや漫画《まんが》、ゲームが大好きだった本多さんは、高校2年生の時に出合ったアニメの声優の演技に胸を打たれ、声優を志します。高校卒業後は声優の専門学校に進学しました。在学中に受けたオーディションに合格し、『我《わ》が家《や》のお稲荷《いなり》さま。』でデビュー。以降、アニメや洋画の吹《ふ》き替《か》え、ゲーム、ラジオなどで幅広《はばひろ》く活躍中《かつやくちゅう》です。

両親の大反対を乗《の》り越《こ》え、声優に

「私、声優になりたい！」とはじめて両親に進路の希望を話した時は、大変な反対にあいました。演劇経験が特にあったわけでもなく、人前に出て話したり、授業で手をあげるのも苦手な娘が、突然《とつぜん》「声優」と言い出したので、両親もびっくりしたのではないでしょうか。母には泣いて止められました。

でも、突然《とつぜん》の思いつきで「声優になりたい」と言ったわけではなく、もともとアニメや漫画《まんが》、ゲームは大好きでした。特に、高校2年生の時に出合ったアニメで、主人公の女の子を演じていた声優の演技に胸を打たれ、私もそんなふうに誰《だれ》かの心に響《ひび》くようなせりふを言ってみたいと思いました。

その後、半年かけて両親を説得し、高校卒業後、声優の専門学校に通うことになりました。最終的に二つの専門学校を卒業したのですが、高校を卒業してすぐに進学したのは、両親の希望もあって短期大学卒業資格もとれる学校でした。

その学校には、日舞《にちぶ》の授業や英語の座学の授業もあり、幅広《はばひろ》くいろいろなことを学ぶことができました。その後に通った学校にも歌やダンスのレッスンはあったのですが、最初に通った学校には、特徴的《とくちょうてき》なスタジオ実習や「美語話法」という授業がありました。「美語話法」とは、正しいアクセントを学び、発声練習などを通して相手にうまく言葉を伝える方法を学ぶ方法です。ほかに、ドラマCDやアニメーション、吹《ふ》き替《か》えの演技について、それぞれに授業が設けられていたりと、より専門的なカリキュラムでした。

二つ目の学校には卒業時に、合格したらアニメのレギュラーを獲得《かくとく》できるオーディションがありました。第一審査《しんさ》、第二審査《しんさ》を経て、第三審査《しんさ》は観客もいる大きな会場で行われました。ステージで実際のアニメのアフレコをして、最終選考の6人のなかから2人が選抜《せんばつ》されました。そのオーディションの最後の2人に残ったことで、プロデビューが決まったのです。

スタッフと自分のイメージのすり合わせ

アニメの声優は、スタジオでマイクの前に立ち、音響監督《おんきょうかんとく》に言われた内容を即座《そくざ》に理解して声にしていくのが仕事です。

たとえば、自分が感じたキャラクターをまず演じます。「年齢《ねんれい》をもう少し若く」と言われたら、少しだけ幼い声でせりふを言います。今度は、「芯《しん》がしっかりしている性格」と指示が出て、「それだときつくなるから、もう少し優しさも伝えてもらえますか」と、常に音響監督《おんきょうかんとく》やプロデューサーと対話し、意向を反映させていきます。いわば、私のキャラクターのイメージをスタッフとすり合わせていくんです。「しょうゆと塩を足してお砂糖も少し」と、みんなでおいしい料理の味付けを考えていくようなものです。

マイクの音質が昔《むかし》よりもよくなり、より細かい芝居《しばい》を要求されることが多くなっているので、収録の現場はそうしたやりとりが多く行われています。

声優の多様な仕事

最近は、アニメのキャラクターの声、洋画の吹き替《ふか》えだけでなく、イベント出演やラジオ出演、VTuber（バーチャルユーチューバーの略称。アニメのキャラクターの姿などで、YouTube 上で活動をする人）の仕事もあり、声優の仕事も多様になってきています。

また、私がデビューしたころから、声優が歌を歌ったり、ステージで歌いながら踊《おど》るといった機会が増えてきました。学生時代の私は、「歌うのは一部の限られた声優の仕事なんだろうな」と思っていました。しかし、事務所に所属して最初に受けた仕事で、「主題歌とエンディング、キャラクターソングを歌ってもらうのでよろしくお願いします」と言

キャラクターの心情を理解しながらマイクの前で演じます

われ、とてもびっくりしました。

幸い、事務所に入ると歌のレッスンから始まり、歌を勉強させてもらえる機会があったので、たくさんのキャラクターソングを歌うことができました。専門学校でも歌やダンスの授業はありましたが、主題歌を歌うと想定したうえで勉強するのと、ぼんやり授業を受けるのとでは大違《おおちが》いでした。歌がうまいという理由でオーディションに受かることもあるので、専門学校時代の私には「しっかり歌を勉強して！」と言いたいです。演技だけではなく、そうしたスキルもとても重要だと感じます。

声優として生き残っていくために

メーンの役柄《やくがら》はほとんどオーディションで決まります。しかし、どのオーディションを受けるかを自分で決めることはできません。まず、事務所に、「一つのキャラクターにつき1人だけ」などとオーディションの話がきます。そうすると、たとえば5キャラクター分のオーディションがあるとしたら、事務所内のトップ5に選ばれなければ、オーディションを受けることもできません。今は、声優が人気の職業となっており、声優事務所の数も所属する声優の数も増え、オーディションを受けるまでがとても大変です。事務所に入ったというだけでは、生活していくだけの収入を得るのはとても難しいと思います。複数の仕事をもらい、さらに仕事が長続きするためには、スタッフとのコミュニケーションも大事です。

「仕事を続けていくにはコミュニケーションも大切です」

そこで、まずは事務所のマネジャーに、自分がどういう声を出せるかをアピールするためのボイスサンプルをつくって渡《わた》します。私はそれだけではなく、自分の人間性を知ってもらうためのコミュニケーションも大事だと感じています。

いくら技術があっても、突然《とつぜん》「お仕事ください！」とだけ言ってくる人と、いつもあいさつをして話をし、よく知っている人だったら、同じようにボイスサンプルをもらっても、後者のほうを選びたいと思うものではないでしょうか。

ゲームのキャラクターボイスの収録だと、短いせりふだけスタジオで録音して終了《しゅうりょう》ということもよくあります。短いせりふはすぐに録り終えてしまいますが、私はその録音のあと、「ありがとうございます!」という感謝の言葉だけでなく、必ず現場のスタッフと話をしてから帰ることを心がけています。

本当なら、短いせりふでアッと言わせるのがベストでしょう。でも、役柄《やくがら》によっては抑《おさ》えた演技が求められることもあります。そうした時には、コミュニケーションをとることで「あの子、おもしろかったよね」とか「またいっしょに仕事をしたい」と、スタッフの心に残ることも、声優として仕事を続けるうえで大事なことではないかと思います。

考えて行動するのが大事

私が専門学校にいたころ、学校のテレビCMに出られるというエキストラのオーディションがありました。またとないチャンスなので、私と同様に当然みんなが受けると思っていたのですが、同じクラスの子はその応募《おうぼ》があることすら知らないうえに「えっ、受けるの?」と意外そうに言われ、びっくりしました。

また、「マネジャーにこうやってアピールしようと思うけれど、どうかな?」と同じ事務所の同期の子に相談されたことがありました。ほかの人に相談してから動くと失敗が少ないように思うかもしれませんが、誰《だれ》かに確認しているあいだにも、すでに動いている人がいます。そういう人とはスピード感がぜんぜん違《ちが》っているので、チャンスを逃《のが》してしまうかもしれません。

私は、マイクに向かっている時など、仕事をしている時にいちばん幸せを感じます。声優をめざしている人に、「この仕事に向いて

録音用マイク。風の音や「パ」行を発音するさいの息使いを防音するガードがついています

いますか」と聞かれることもありますが、自分で向いていると信じて進むしかありません。この仕事をしていると、強い言葉で「向いていないんじゃない？」とか「大変だよ？」と意見を投げかけられることがあります。そこを、泣きそうになりながらも、必死でこらえて「でもやりたいです！」と言い続けられるかどうかです。やりたい気持ちを強くもって、目の前のチャンスをむだにせず、すぐさま行動に移せるかどうかが、声優の仕事を続けるための第一歩です。自分の意思を強くもって、めざしたい仕事に向かって、ぜひ行動してみてほしいと思います。声優になってからも、新しい仕事にはどんどんチャレンジしています。それが、自分の仕事の幅《はば》を広げ、つぎのチャレンジにつながっていくと思います。

3章

ドキュメント アニメ作品を高めていく人たち

ドキュメント 5 撮影監督

心がけるのは自然な画面づくり

T2studio《ティーツースタジオ》

峰《みね》岸《ぎし》健《けん》太《た》郎《ろう》さん

吉田真奈撮影（以下同）

峰岸さんの歩んだ道

専門学校でゲーム制作を学んだあと、もともと映像に興味があったことから、友だちの誘《さそ》いを受けてアニメ業界へと進んだ峰岸さん。視聴者《しちょうしゃ》が目にする画面をつくる撮《さつ》影《えい》の技術を学び、現在では撮影監督《さつえいかんとく》として、さまざまなアニメの現場で活躍《かつやく》しています。アニメの最終的な画面をつくり出すプロフェッショナルです。

撮影監督《さつえいかんとく》になるまで

僕《ぼく》は、映像が好きだったことからゲーム制作に興味をもち、専門学校のゲーム制作研究科に入学しました。しかし、卒業後はやりたいことが見つからず、地元の千葉《ちば》でアルバイト暮《ぐ》らしをしていました。そんな時、アニメ会社に就職した専門学校の同期から、「アニメの撮影《さつえい》をしている会社が新人を欲しいと言っているけど、どうかな」と連絡《れんらく》をもらったのです。それをきっかけにアニメを撮影《さつえい》している会社に入社しました。もともと映像が好きだったことからゲーム制作の専門学校に進学したため、アニメの撮影《さつえい》でも映像にかかわることができるかなという気持ちがありました。アニメ業界を最初から志していたわけではないので、特殊《とくしゅ》な道のりかもしれません。

入社して最初の2、3カ月間は、指示通りのことをできるようにする研修期間でした。それを過ぎたら、現場で先輩《せんぱい》といっしょに撮《さつ》影《えい》の仕事を行い、3、4年目くらいから、撮《さつ》影監督補佐《えいかんとくほさ》として撮影監督《さつえいかんとく》とともに外部の監《かん》督《とく》との打ち合わせにも参加するようになりました。5年目から、撮影監督《さつえいかんとく》として作品に参加するようになりました。

最初に入った会社で過ごすなかで、もっと規模の大きい会社に入って、いろいろな作品にかかわりたいという気持ちが湧《わ》いてきて、今の会社に転職しました。

撮影《さつえい》の仕事とは？

撮影《さつえい》は、映像に特殊《とくしゅ》効果を加える「Adobe

After Effects」といったソフトを使用して作業します。アニメの画像に光の動きや距離感《きょりかん》、焦点《しょうてん》をぼかしたり、くっきりさせたりなど、実際の景色《けしき》をカメラのレンズ越《ご》しに見た時と似た現象として再現し、視聴者《しちょうしゃ》がふだんアニメとして観ている画面をつくりあげていきます（カラー口絵1〜5ページ参照）。キャラクター、背景、３ＤＣＧのロボットなど、いろいろな担当スタッフがつくった素材を組み合わせて、監督《かんとく》や演出家が表現したい画面に仕上げていくのです。

宙を舞《ま》う花びらや雨など、今まではアニメーターがすべて描《えが》いていたエフェクト（効果）をAfter Effectsを使うことで、以前より簡単に再現できるようになりました。絵を描《か》く時間は短縮できるようになりましたが、その分「もっとよい映像を！」と考えて凝《こ》ったエフェクトにしたくなるので、撮影《さつえい》の仕事にかける時間は増えたかもしれません。

撮影監督《さつえいかんとく》として過ごす日々

テレビアニメと劇場アニメではタイムスケジュールが違《ちが》うのですが、基本的には最初に撮影《さつえい》の打ち合わせをし、すべての素材がそろわないうちから撮影《さつえい》を始め、ちょっとずつ仮組みをして全体像が見えるようにしていきます。その後、一度編集スタッフに１本の動画につなげてもらって、全体のチェックを行います。そして、監督《かんとく》、演出家がもう少しクオリティーを上げたいという箇所《かしょ》が見つかれば、修正をします。映像が完成したら、編集スタッフに素材を差《さ》し替《か》えてもらいます。全体のチェックを行うまでの時間が1、2週間、翌週修正をして納品という流れが、テレビシリーズの標準的なスケジュールです。

撮影《さつえい》はすべての工程の最後なので、前の工程が押《お》せば押《お》すほど、僕《ぼく》らのスケジュールは短くなっていきます。そのため、朝方まで作業をしなくてすむようにスケジュールを調整する交渉《こうしょう》も、時には必要です。僕《ぼく》のように会社に所属している撮影監督《さつえいかんとく》は会社のスタッフの作業時間を確保する必要がありますし、無理なスケジュールで撮影《さつえい》のクオリティーを下げるのも、プロフェッショナルとしてあってはならないことです。

撮影《さつえい》チームは、作品の作業期間や規模によって人員が増えていくことがあります。30分のテレビアニメでは、基本的に1話の撮影《さつえい》は

場面ごとに工程やスケジュールを緻密に計算します

撮影監督《さつえいかんとく》を含めた5、6人で作業していきます。撮影監督《さつえいかんとく》は、自分も作業に加わりつつ、チームのスタッフに監督《かんとく》の意図、求めているものを伝えていく必要があります。

自然な画面づくりが、やりがいに

かかわった作品のなかでは、いただいたイメージを元に、こちらで一から画面をつくらせてもらうことがあります。そうやって作業を委ねてもらえた時はモチベーションが上がります。もちろん監督《かんとく》から指示があったとしても、夕方の光が差《さ》し込《こ》むシーン一つとっても、自然なやわらかい光で見せるとか、コントラストを強くするなど、どれだけお話にあった雰囲気《ふんいき》にするかの細かい部分は撮影《さつえい》スタッフが行います。そういった光の加減や、背景とキャラクターをなじませるといった作業は、うまくいっても同業者にしか気付かれないし、逆に視聴者《しちょうしゃ》の意識が向いてしまうような不自然さがあっては失敗です。撮影《さつえい》処理をうまく自然にできたという小さな喜びのひとつひとつが、やりがいにつながります。

画面のなかで動くキャラクターなどの絵に、唐突《とうとつ》なデジタルの効果を入れても、なじまない場合があります。撮影《さつえい》に求められる要望に柔軟《じゅうなん》に応えていきつつ、視聴者《しちょうしゃ》が目にする画面のクオリティーを上げていくのが撮影《さつえい》に求められる部分であり、苦労するところでもあります。

撮影《さつえい》スタッフに求められること

アニメ制作会社の撮影《さつえい》スタッフの募集《ぼしゅう》は、

アニメ科がある専門学校に告知されるので、専門学校生なら、そこをチェックするのがいちばん近道かもしれません。

ただ、会社によっては学校に求人情報を出さず自社のホームページでのみ募集《ぼしゅう》をかけているパターンも意外と多いです。なので、作品のエンドロールに載《の》っている会社を片っ端《かたっぱし》から検索《けんさく》したりするのも一つの手段かもしれません。会社名が載《の》っていない場合は、制作会社の内部の撮影《さつえい》部署が担当しているのかもしれません。撮影《さつえい》スタッフに載《の》っている人の名前を調べて、会社に辿《たど》り着《つ》くという手段もあります。

僕《ぼく》自身はこの業界に入ってからアニメについて学びました。その経験からお話しすると、世にある映像は全部教材なので、観ておくに

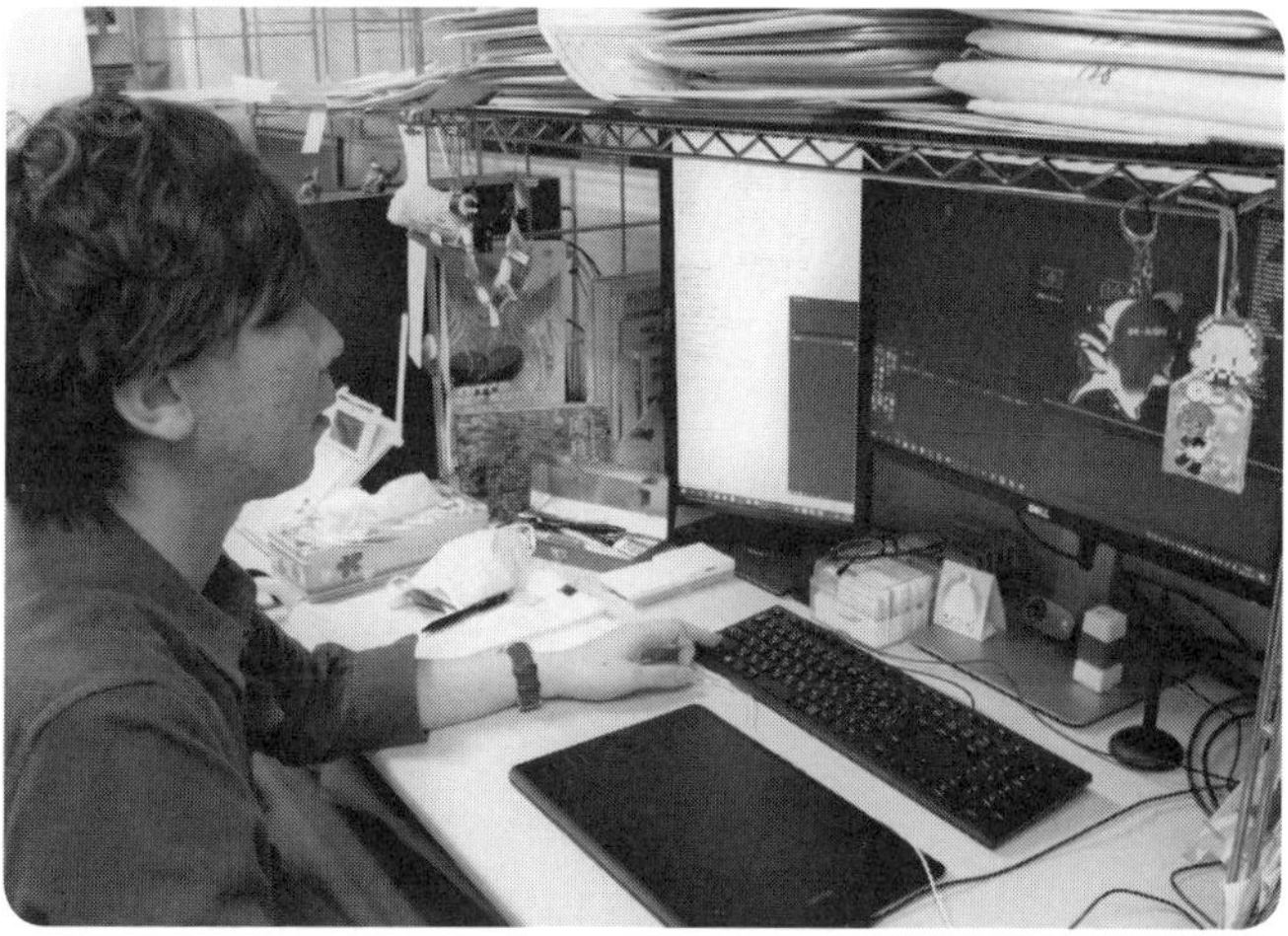

編集ソフトで、動画の編集をしていきます

越《こ》したことはないし、おもしろそうなものを観ることがそのまま勉強になると思います。興味があるからこういった仕事をめざすのだと思いますが、映像を観たうえで自分の好みや、どう感じたかを分析《ぶんせき》することは必要です。そうするなかで、なぜこの映像はおもしろくないと感じるのか、反対に、なぜこの作品は世の中で良いと言われているのかがわかってきます。

撮影《さつえい》に関して言えば、お客さんが観る画面をつくることがゴールの仕事なので、自分がお客さんとして観たもののどこが良かったのかを知ったり、流行を分析《ぶんせき》することは必ず役に立ちます。監督《かんとく》のイメージする絵を表現する手助けと、「それをつくるなら、自分はこうする」という気持ちの両方が必要な仕事ですから。

また、最初はスマートフォンのカメラでも十分なので、撮影《さつえい》することに慣れているとさまざまな場面で役に立つと思います。実写映画は必ずカメラで撮影《さつえい》しますし、レンズ越《ご》しに起きる現象を再現するのが撮影《さつえい》なので、カメラを触《さわ》っておけば映像業界のどの仕事でも損はありません。絵をイメージするさい、光と影《かげ》の状態などを実際に自分のカメラで写して、再現することもできます。

僕《ぼく》はこの先、業界の今後を担う若い人たちの育成をしたいと考えています。僕《ぼく》らの経験と知識を教えるだけでなく、次世代に僕《ぼく》らにできなかったことをやってもらいたいのです。今いっしょに仕事をしている10歳《さい》以上年下のスタッフが僕《ぼく》と同じ年齢《ねんれい》になった時、僕《ぼく》と同

めざすのは「視聴者が気付かないくらい自然に見える加工」

じ技術を身につけているだけでなく僕《ぼく》を超《こ》えていてほしいです。教えるだけでなく、新しい要素を取り入れて、自分の撮影《さつえい》の仕事自体も成長させて次世代につないでいきたいと思っています。

「今もそんなことしているの?」と言われないように、常に新しい試みを続けていきたいですね。

ドキュメント 6 編集

指示通りにつなげるだけでなく、編集でおもしろくする

ジェイ・フィルム
髙橋《たか》《はし》 歩《あゆむ》さん

髙橋さんの歩んだ道

映画が大好きだった髙橋さんは、映画専門学校への入学を機に北海道《ほっかいどう》から上京します。専門学校で課題となった短編映画制作で編集担当になったことがきっかけで、編集のおもしろさに気付き、編集スタジオに就職しました。現在では、さまざまなアニメ作品や、実写のドラマ、映画などに編集として参加しています。

専門学校を経て、編集スタジオへ

　高校時代、デヴィッド・フィンチャー監督《かんとく》の映画『セブン』を観て、その映像表現に衝《しょう》撃《げき》を受けました。そこから漠然《ばくぜん》と映像業界に入りたいと思い、高校卒業後は北海道から上京して日本映画学校《にほんえいがかっこう》（現　日本映画大学《にほんえいがだいがく》）に入学しました。

　編集を志すようになったきっかけは、1年生の最後に課題として出された短編映画制作でのこと。クラスのなかでスタッフを割《わ》り振《ふ》り、1本の実写短編映画をつくるのですが、そこで僕《ぼく》は編集を担当したのです。映像作品の編集は、各場面を撮影《さつえい》したフィルムを1本の作品につなげていく作業です。誰《だれ》よりも先につながった映像を観られることと、自分のさじ加減で完成品がおもしろくもつまらなくもなることに、とても魅力《みりょく》を感じ、編集への興味が強くなりました。

　学校から紹介《しょうかい》してもらって以来、ジェイ・フィルムという会社で働いています。ジェイ・フィルムは、実写作品とアニメ作品の両方を編集する会社です。僕《ぼく》が住んでいたころの北海道ではテレビのチャンネルが少なく、あまりアニメ番組を放送していなかったので、アニメにはくわしくありませんでした。ですので、入社後、編集とアニメ両方の勉強をしていきました。

　今はパソコン上でのデジタル作業ですが、映画学校時代はすべての編集をフィルムで行っていました。実際のフィルムをはさみで切ったり、機械でつなげたりする作業です。会社に入ったころも、まだ『ポケットモンスター』をフィルムで編集していましたね。

最初は編集助手として社長や先輩《せんぱい》の横について勉強をさせてもらいました。助手は編集素材の準備などが主な仕事ですが、そこで先輩《せんぱい》の技術を吸収し、編集を通しておもしろい作品が完成する瞬間《しゅんかん》を観られたことは、貴重な経験でした。

編集の仕事とは？

テレビアニメの編集は、編集ソフトを使って、決まっているテレビの放送時間内に作品を秒単位でぴったりと合わせることが基本的な仕事です。監督《かんとく》や演出家が描《えが》く絵コンテをもとに映像をつなげると、大抵《たいてい》は、放送時間に足りなかったり、長すぎたりしてしまいます。その映像素材をどう切って、どう整えていくかがポイントです。アニメの場合は演出家が描《えが》く絵コンテで編集の8割が終わっているので、素材をつなぐ時に長すぎれば、「このカットの最後と、つぎのカットの頭を切って、せりふとせりふの間を詰《つ》めれば、テンポが良くなるのでは？」などといった提案や作業を行います。

私のふだんのスケジュールは、まず昼の12時くらいに会社に行き、撮影《さつえい》スタッフがネットワーク上にアップロードした編集用の素材や、変更《へんこう》した部分の差《さ》し替《か》え素材をダウンロードし、編集機に取《と》り込《こ》みます。そして、ダウンロードした素材を順番につなげ、それをチェックする監督《かんとく》や演出家が来社するのを待ってから編集作業に入ります。変更《へんこう》になった映像が来た時は差《さ》し替《か》えて、つながった映像を音響監督《おんきょうかんとく》に送ります。編集をしている時は、作業だけで、あっという間に一日が過ぎてしまいます。それを今は週3日ほどのペースで行っています。編集段階では本番の絵ができあがっていなくて、下絵しか来ないこともあるので、残りの日は絵が届きしだい、差《さ》し替《か》えていくなどの作業を行います。

下絵しかなくて、絵がまだ動いていない状態での、「こういった動きが入る」という指定や、基本的な差《さ》し替《か》え、その差《さ》し替《か》えた部分のチェックなどは、会社まで監督《かんとく》や演出家に来てもらい、いっしょにチェックします。ただ、監督《かんとく》によって何もかも立ち会いたい人や、ある程度はこちらに任せてくれる人もいます。

届いた映像を１本の作品に編集していきます

昨今ではリモートで監督《かんとく》や演出家と連絡《れんらく》をとりあいつつ、編集を行うこともあります。ただ、リモートだと状況《じょうきょう》が伝わりにくいことも多いので、やはり、その場でコミュニケーションをとったり、たがいの心情を察することのできる環境《かんきょう》がベストですね。

編集ならではの視点でおもしろさを

時間の伸《の》ばし方《かた》の例をお話ししましょう。雪が降る風景のカットが3秒あったとしたら、雪をバックに音楽を流せば間が保つから、2秒伸《の》ばせます。ほかには、告白シーンの受け答えの間を長くとって、たっぷり見せるといった伸《の》ばし方《かた》が、オーソドックスな方法だと思います。短くするには、せりふとせりふの間を詰めるなどをして、1秒1秒削《けず》っていきます。

アニメはコンテの段階で編集の流れが決まっており、その通りに素材を並《なら》べていく作業が主になります。さまざまな角度から何台ものカメラで撮影《さつえい》した素材を観て、選んでいく実写作品に比べると、素材が限られています。

だからこそ「もう一回このキャラクターの顔を挟《はさ》んだら、より感情が伝わるのでは?」「このカットとこのカットは、順番を逆にしたほうが良いんじゃないか?」など、編集からのアイデアで手を加えておもしろくなった時はうれしいです。コンテの指定通りにつないでいくことはそれほど難しくないのですが、そのなかで編集の腕《うで》でおもしろくしたいとはいつも考えています。

つないだ作品が音響監督《おんきょうかんとく》にわたり音が付く

と、もう編集は変えられません。その段階になって、「あそこに1カット挟《はさ》めば良かった！」などと思うこともあります。ほかの人が気付くレベルではなくとも、そういった反省点はいまだにあります。

編集スタッフになるには？

ジェイ・フィルムのような編集専門の会社の場合、専門学校から紹介《しょうかい》されて入社する方法がもっとも一般的《いっぱんてき》です。自分で調べてきた人も何人かいます。ほんとうに編集がおもしろいと感じたら、自分の好きな映像作品で編集をやっている人を調べてコンタクトをとってみるといいかもしれません。こうした方法は、昔より今のほうがやりやすいと思いますね。

アフレコ台本を確認しながら作業していきます

また、今は制作会社の編集のアルバイトなどもあるので、そういったところに応募《おうぼ》するのもいいかもしれません。

ジェイ・フィルムが人を採用する場合、その人の技術よりも、幅広《はばひろ》く映画を観てきているかなどをチェックしています。どうつなぐと人の心に響《ひび》く映像になるかは、ほかの映像を観て勉強するしかありません。ですから、どんな映画を観てきているかは大事なのです。

入社面接などで好きな映像作品を聞けば、どういう編集がしたい人なのかがわかりやすいということもあります。毎年定期的に採用を行っている会社は少ないと思います。求人のさいは、映像制作に特化した学校に募集《ぼしゅう》を出すことが多いようです。

編集のおもしろさ

近年ではYouTubeなどへの動画投稿《とうこう》も流行しているので、画面に文字を入れることが編集と思っている人もいます。それも仕事ではあるのですが、本質はそこではありません。「編集とは何か」と聞かれれば、ほかの人たちがつくりあげた部品を組み上げる仕事だと思います。1の作品を10にする力が編集にはあるのです。編集の技法は、ある程度「こういう意味を込《こ》めたいなら、こういう編集をする」ということが決まっています。ですから、アニメだけでなく実写の映画などもたくさん観て、自分の引き出しをつくっていくのが苦にならない人が向いていると思います。編集を志す人は映画を観るのが好きな人が多いと

「子どもが観て楽しめるアニメが目標です」

思うのですが、そこから何を吸収していくかです。

今後の目標としては、小さな子ども向けアニメもやれればと思っています。僕《ぼく》には5歳《さい》の子どもがいるのですが、そのくらいの年齢《ねんれい》の子が観て楽しめるアニメが少ない気もしていて。大人向けのアニメももちろんおもしろいのですが、アニメは、小さな子どもが観て楽しければそれがいちばん良いと思います。そういうアニメが増えれば良いし、そんな作品にかかわっていきたいと思います。

ドキュメント 7 音響監督

作品づくりを通して 新しい世界や感動に出合う

東北新社《とうほくしんしゃ》
清水洋史《しみずようじ》さん

吉田真奈撮影

清水さんの歩んだ道

演劇の世界にいた清水さんは、20代の半ばを過ぎたころ、縁《えん》あって東北新社へ入社。そこから音響《おんきょう》制作の道へと進んでいきます。劇団で舞台《ぶたい》演出を担っていた自身の経験を武器に、声優の人たちと向き合い、作品のなかに流れるすべての「音」を取り仕切ります。アニメや洋画の吹《ふ》き替《か》えまで、音響《おんきょう》監督《かんとく》としてさまざまな作品にたずさわっています。

舞台《ぶたい》演出から音響《おんきょう》の仕事へ

1980年代後半に小劇場演劇のブームがあり、若かった僕《ぼく》はその魅力《みりょく》にとりつかれて演劇の世界に飛び込《こ》みましたが、1995年に阪神大震災《はんしんだいしんさい》と地下鉄サリン事件が起きたことで、一度芝居《しばい》の世界から離《はな》れました。社会を大きく動かした二つの現実の出来事を前に、フィクションにどう向き合えば良いのか悩《なや》んでしまって……。それで頭を使うことをやめて建設現場の仕事に就き、ひたすら体を動かして働く日々を過ごしました。

2年働いたあと、そこで稼《かせ》いだお金を元手に、バックパッカーとして半年ほど海外へ旅に出ました。お金を使い果たして帰国し、今後を考えていたころ、演劇経験者を対象とした東北新社の求人広告が新聞に載《の》っているのを見つけました。演劇経験者を募集《ぼしゅう》する会社なんてめずらしいなと思い、履歴書《りれきしょ》を出してみたんです。それから友だちが住む奈良《なら》まで2週間くらい出かけて、帰ってきたら書類選考に通過したという通知が来ていたのですが、なんとすでに面接は終わっていました。数日後、会社から「なぜ来なかったんですか」と電話がかかってきたので事情を話したら、二次面接から来てくださいということになり、結果、採用されました。今思えばおおらかな時代でしたね。

入社当時は、音響《おんきょう》の仕事についてはまったく知りませんでした。当時アニメやゲームに関する仕事が、今ほど一般的《いっぱんてき》ではありませんでしたから。右も左もわからず、いちから吹《ふ》き替《か》えやアニメの仕事、音響《おんきょう》の仕事について学んでいきました。

音に関するすべてを取り仕切る仕事

アニメはすべてを統括《とうかつ》する監督《かんとく》のほか、撮《さつ》影《えい》監督《かんとく》や作画監督《かんとく》など、各部門に監督《かんとく》がいます。音響監督《おんきょうかんとく》はアニメで流れるすべての音の責任者です。

仕事の大まかな流れとしては、まず「今度こういう作品をやります」とオファーをいただいたら、シナリオを読んで内容を把握《はあく》します。つぎに、それぞれのキャラクターにふさわしい声優をキャスティングし、必要であればオーディションも行います。一般公募《いっぱんこうぼ》のオーディションではなく、プロの声優に依頼《いらい》して、キャラクターに合っているかを判断していく作業です。アニメの現場から映像が上がってきたら、その映像に対して声優たちの声を収録する「アフレコ」を行い、声優に具体的な演技の演出をします。

アフレコと並行《へいこう》して、作曲家に音楽を発注する作業があり、どんな曲が何曲欲しいのかを記した「メニュー表」をつくります。たとえば、全12話、24話のシリーズだと、最初に50曲くらい曲をつくってもらい、シリーズ全体の音楽面の演出もしていくのです。声優のせりふ、音楽に加えて、専門のスタッフがつくった効果音を合わせていき、最終的にはせりふと効果音と曲が全部入った、みなさんが耳にするアニメの音響《おんきょう》ができあがっています。これが、音響監督《おんきょうかんとく》の仕事の基本的な流れです。

収録のさいは音響監督《おんきょうかんとく》が演技の注文を出し

ていくのですが、当然、声優には声優の思いがあります。自分が台本から読み取ったものを世界に向けて表現し、評価を受ければ達成感があると思いますが、必ずしもそうなるとは限らない。第三者から好き勝手を言われる

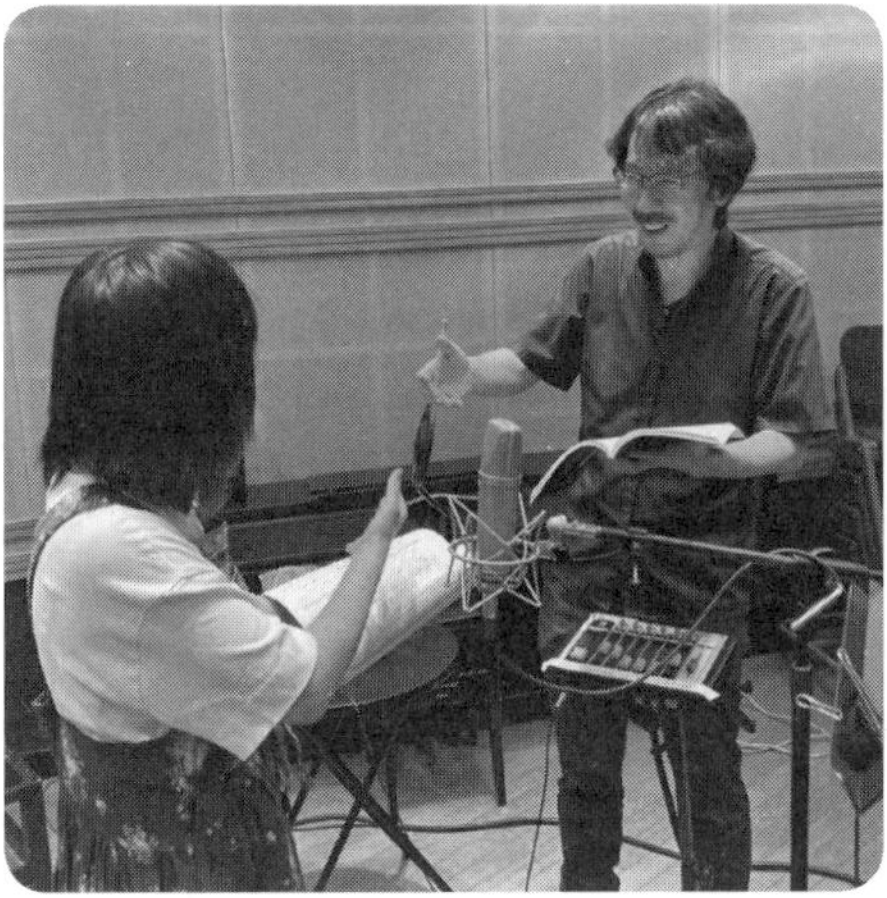

役者とコミュニケーションを取りながら、映像と一体感のある芝居づくりを行います
取材先提供

側面もある仕事です。そのプレッシャーの中、現場に臨む声優は、とても繊細《せんさい》でこだわりをもった人たちです。そんな彼《かれ》らと向き合うには、独特の感覚が求められます。僕《ぼく》の場合は、舞台《ぶたい》で演出をしてきた感覚を頼《たよ》りにやってきたんだと思います。

音《おん》響《きょう》監《かん》督《とく》の一日

シリーズもののアニメの場合、毎週決まった日・時間にスタジオでアフレコを行います。第1話のアフレコをした2週後、第3話のアフレコをするあたりのタイミングで、最初にせりふを収録した第1話の音声と映像を合わせていくミックス作業を始めます。音量の調整だけでなく、たとえば、電話やドア越《ご》しの声、洞窟《どうくつ》の中での声など、状況《じょうきょう》に応じて音の

響《ひび》き方《かた》を変える加工などです。10時からミックス作業を行って、16時からアフレコ……というような流れが、シリーズものにたずさわる時のおおまかな一日の流れです。そうでない日は声優のキャスティングや台本のチェック、選曲、パソコンを使用しての音楽の編集など、デスクワークが中心です。劇場版アニメではアフレコを何日も行ったりするので、そういう場合は朝から晩までスタジオにこもりっぱなしの日もあります。

収録のさいは、20〜30人がいっぺんに入れるスタジオにマイクが数本あって、入《い》れ替《か》わり立《た》ち替《か》わり、声優が声を入れていきます。新型コロナウイルス感染症《かんせんしょう》が流行してからは、一人1本のマイクを使っています。時間を区切って、場合によっては一人だけなど、最低限の人数で収録します。一つの会話でも時間を分けて録っていくので、前より収録の時間は掛かりますし、先に録音する人は相手のせりふがない状態で演技をします。

完成像をはっきりとイメージしておかないと、すべての音を合わせたさいにかみ合わなくなる恐《おそ》れがありますし、みんなで収録できていたら違《ちが》う仕上がりになったかもしれない。視聴者《しちょうしゃ》にはコロナ流行以前との違《ちが》いがわからないようにつくるのが課題ですね。

仕事のやりがいと難しさ

かかわった作品がヒットすれば、素直にうれしいです。ただ、もっともやりがいを感じるのは、作品を通して自分が知らなかった世界や感動を形にできた時です。まずは自分にとって新鮮でおもしろいものでなければ、人がおもしろいと思うわけがない。ものづくりにかかわる人は、みんなそのような想いをもっているのではないでしょうか。

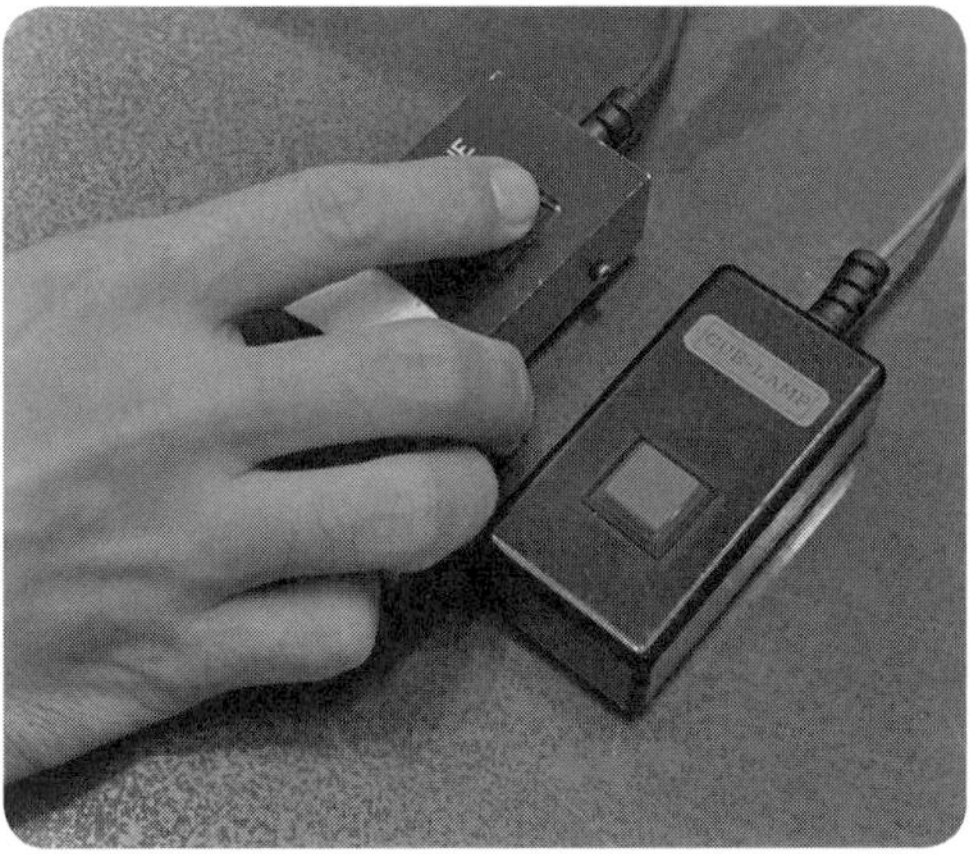

収録開始の合図に使うキューランプと、押しているあいだブースに声を届けられるトークバックのスイッチ。アフレコブースとのやり取りで使用
取材先提供

一方で、複数のアニメの制作時期が重なってしまい、時間が足りない状況《じょうきょう》になってしまうことがあります。正解がない仕事なので、「この曲は別のものに替《か》えよう」とか、「もうちょっと手前のタイミングで曲を流そう」といった試行錯誤《しこうさくご》に終わりはないけれど、どこかで世に出さないといけない。それを何作品も並行《へいこう》してやるとなると、どんどん仕事の量が増えていくので大変です。

　また、声優にうまく芝居《しばい》のニュアンスを伝えられない時も、仕事としての難しさを感じます。演技は、観た人がどう受け止めるかではじめて完成します。せりふは言葉として発せられますが、そのシーンに込《こ》められた気持ちや思想は、言葉ではないところで感じてもらわなければいけません。そんな演技をつくるためには、声優とのコミュニケーションが生命線となるのです。二十数年この仕事をやってきた今でも、うまく伝えられないと感じることはあって、よく帰り道に「こう言えば良かった……」と反省しています。

〝無駄《むだ》な勉強〟をしてほしい

音響監督《おんきょうかんとく》は一般的《いっぱんてき》に知られていない職業なので、最初からそこをめざす人は多くはいません。なかには制作スタッフやスタジオのエンジニアから転身したり、あるいは声優から音響監督《おんきょうかんとく》になる人もいます。日本に100人もいない職種なので、めざすためのセオリーはないですし、いきなりなることは難しいです。私の場合は東北新社の映画やアニメの字幕・音響《おんきょう》をつくる部署に所属していますが、

Avid社の音響編集ソフト「ProTools」で編集作業を行うようす

取材先提供

アニメの音響《おんきょう》制作だけを行う会社もあります。一つの手段として、そういった会社に入るのも良いでしょう。

一般的《いっぱんてき》には、音響《おんきょう》制作のアシスタント業務の募集《ぼしゅう》のほうが多く目にします。まずは、そういった現場に飛《と》び込《こ》んで「将来の夢は音響《おんきょう》

監督《かんとく》なんです」とはっきり意志を示しておくのがいちばんではないかと思います。

今の世の中は、より短期間に少ない労力で売り上げを出すといったことが重要視されていて、効率良く作業することを評価基準にしがちだと感じています。効率は大切なのですが、僕《ぼく》たちの「商品」に関していうと、当然視聴者《しちょうしゃ》は効率の良いものを評価するのではなく、おもしろい作品を求めています。いくら制作費が安く上がっても、それは内部の評価に過ぎません。効率と作品の成果を両立しなければなりませんから、業界に入りたいならば、最短距離《きょり》でおもしろいものをつくるためにいろいろなことを経験してほしいですね。

この業界には映画やアニメが好きな人が入ってきます。でも、正直、ただアニメが好きだという人は趣味《しゅみ》として観ていればいいとも思います。仕事にして辛い思いをしたら、最高の趣味《しゅみ》を失うおそれもありますから。好きなアニメを観ることも大事ですけれど、作り手にまわるなら、関係のない知識こそ活きる場面が多いです。そもそもアニメで得た知識は、すでに過去のアニメで表現されていることなので、自分が観た作品を越《こ》えることはありません。まったく違《ちが》う分野の知識をもっていたり、物事への深い洞察《どうさつ》ができる人だったりするほうが、新たな要素を作品にもち込《こ》めるスタッフになれると思います。

まだまだいるアニメにかかわるプロフェッショナル

さまざまなプロフェッショナルが結集してアニメはつくられる

ほかにもある、こんな職種

ドキュメントでは、監督《かんとく》をはじめアニメの仕事をするいろいろな職種の人を紹介《しょうかい》してきました。しかし、紹介《しょうかい》した人たち以外にも、アニメをつくるさいに欠かせない職種がありいます。ほかにはどんな職種があるのかを見てみましょう。

・プロデューサー

アニメ制作をする時の司令塔的《しれいとうてき》な立場の人です。アニメの企画《きかく》をし、スポンサーを募《つの》って制作費を確保したり、調達した制作費の割《わ》り振《ふ》りを考えたりするのもプロデューサーの仕事です。監督《かんとく》を誰《だれ》に依頼《いらい》するか、できあがった作品をどうやって宣伝するかなども、プロデューサーが決めることが多いです。スタッフ内だけでなく、対外的なマネジメント力も必要になります。具体的なスタッフのスケジュール管理などをする「制作進行」の仕事を経験して、プロデューサーになることが多いでしょう。

・キャラクターデザイン、メカデザイン

アニメに登場するキャラクターやメカニックのデザインをする仕事です。たとえ原作の漫画《まんが》があっても、アニメだと漫画《まんが》に描《えが》かれていない動きの場面なども出てきますし、漫画《まんが》の絵をそのままアニメにすると不自然になることもあります。原作が小説だったり原作がない場合でも、基本的な設定に沿って、より物語に適したキャラクターやメカを創造していきます。絵のスキルはもちろんのこと、豊かな創造力をもっていることが大事です。

・作画監督《かんとく》

1本のアニメ作品をつくりあげるには、何人ものアニメーターが必要です。多くの人がかかわるので、絵柄《えがら》にばらつきが出てしまうこともあります。作画監督《かんとく》は、すべての絵をチェックしたり修正したりして、作品のクオリティーを向上させていきます。動画や原画のスタッフを経験した高い画力のある人が、絵のクオリティーを統括《とうかつ》する作画監督《かんとく》になります。

・美術監督《かんとく》

作品全体の世界観の構成を担当するのが美術監督《かんとく》です。たとえば、背景に登場する小物

一つをとっても、その物語の設定には重要だったりすることがあります。場面ごとに描《えが》かれている建物や草木や色のトーンなどを決めるのも美術監督《かんとく》の仕事です。アニメのキャラクターやメカ以外の背景を描《えが》く経験を積んでから美術監督《かんとく》になるのが一般的《いっぱんてき》です。

・色彩《しきさい》設計

アニメでは、線画で描《えが》かれた絵に色を塗《ぬ》っていきます。多くの人がかかわるので、最初に細部の色をしっかりと決めておきます。たとえば、キャラクターの目だけでも、瞳孔《どうこう》、瞳《ひとみ》、白目、ハイライトなど、何色もの色に分かれていて、キャラクターごとに違《ちが》います。また、時間帯や場所、キャラクターの心情によっても、変化させなければなりません。そういった色についてのことを統括《とうかつ》するのが色《しき》

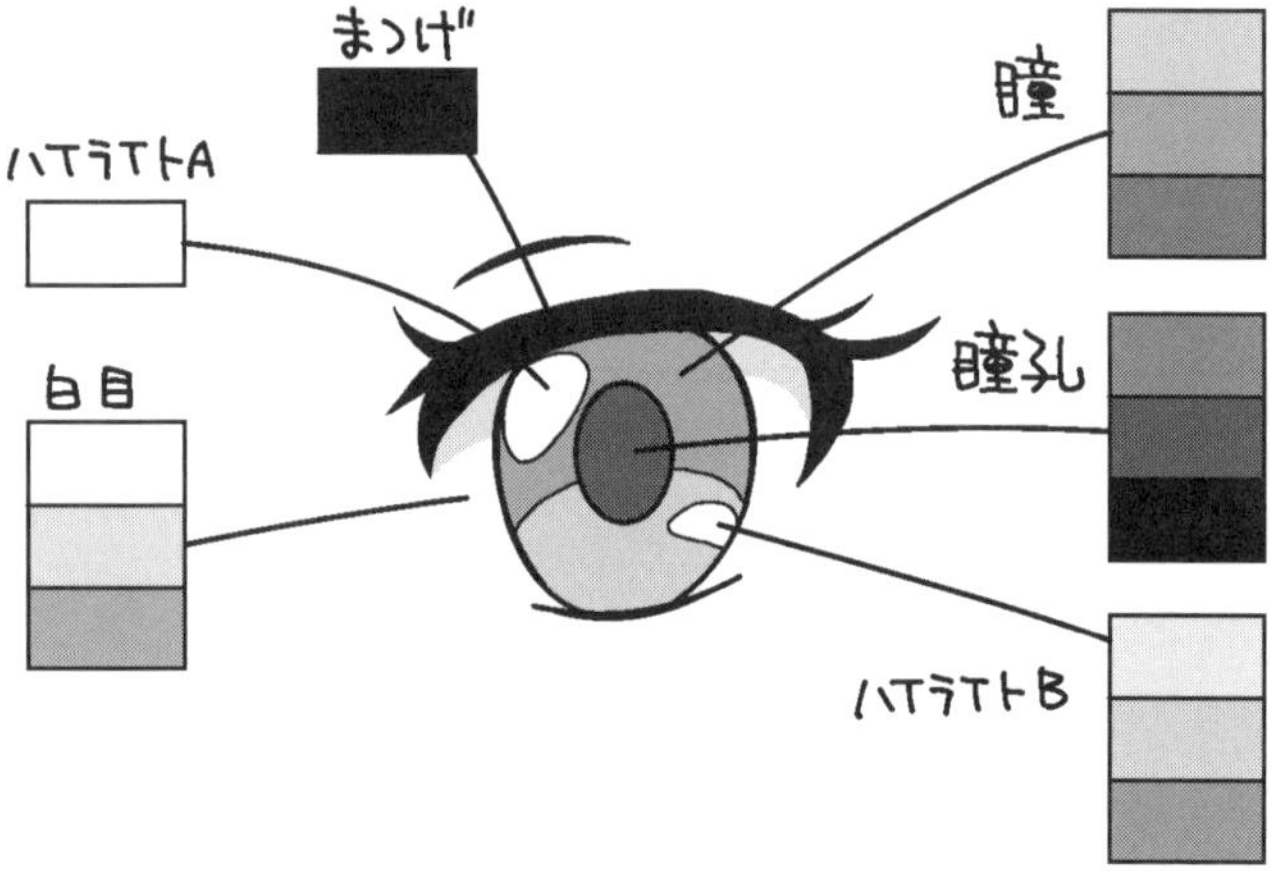

彩《さい》設計の仕事です。

・**動画検査**

1本のアニメ作品として見た時に、動きに不自然なところはないか、線の質はそろっているかなど、動画の品質をチェックする仕事です。動画スタッフなどで経験を積んだ人が、つぎのステップとして動画検査の担当になることが多いようです。

・**制作進行**

アニメ制作は、さまざまな職種の人がかかわります。そのため、全体の流れを把握《はあく》してアニメ制作をスムーズに進行させる人が必要です。それが、制作進行の仕事です。制作進行の仕事は多岐《たき》にわたります。たとえば、監督《かんとく》やアニメーターの打ち合わせ一つをとっても、全員のスケジュールを調整して打ち合わせの日を設定したり、打ち合わせの日までに作画に必要な資料を集め、配付する用意をするなど、細かな仕事がたくさんあります。原画ができたら、原画スタッフから原画を回収し、動画スタッフに確実にわたす、描《か》き漏《も》れているシーンなどがあれば、それをアニメーターに伝えるといった作業もあります。また、スケジュールが送れている時は、アニメーターに急いで進めてもらうなどの連絡もしなければなりません。そのように、いつも全体の流れに目を配り、滞《とどこお》りなく仕事が進んでいくようにする仕事です。

さまざまな仕事がアニメ業界を支えている

関係するさまざまな仕事

アニメにかかわる仕事には、ほかにもたくさんの職種があります。また、アニメ制作会社であれば、経理や営業など一般《いっぱん》企業《きぎょう》のような会社運営のための部署もあります。ここでは、アニメ業界を支える特徴的《とくちょうてき》な仕事をいくつか見ていきましょう。

・法的・知的財産を守る

アニメには、イラストや音楽、キャラクター、ストーリーなど、そのアニメならではの知的財産があります。アニメが無断でまねをされたり使われたりしないように保護するのが、著作権や商品化権です。

大規模な会社には、法的・知的財産を守るための部署もありますが、アニメ業界では脚《きゃく》本家《ほんか》や声優など、基本的にフリーランスで個人事業主として仕事をしている人もたくさんいます。そのフリーランスの人の権利を守るために、脚本家《きゃくほんか》だと日本脚本家連盟《にほんきゃくほんかれんめい》、声優なら日本俳優連盟《にほんはいゆうれんめい》などの協同組合があります。個人だと立場が弱く、なかなかクライアントなどと対等な関係の契約《けいやく》を結びにくくなることがあります。そこで、日本脚本家連盟や日本俳優連盟では、脚本家《きゃくほんか》や声優が不当な扱《あつか》いをされないように最低賃金を設定するなど、脚本家《きゃくほんか》や声優の権利を守るように努めています。

・マーケティングなどの調査

マーケティングとは、市場調査のことです。それぞれの年齢層《ねんれいそう》の人たちがどんなものを好んでいるか、どんな漫画《まんが》やアニメを見ているかなどを調査します。それによって、つぎにどんな作品をつくればヒットするかなどを推測して提案していきます。自社のなかにマーケティング部門のある大手の制作会社もありますが、広告代理店やマーケティング専門の会社が担当することが多いでしょう。

・キャラクターグッズなどの商品化

漫画《まんが》やアニメに登場するキャラクターやアイテムを、グッズとして販売《はんばい》する会社もあります。制作前からスポンサーなどの意向で、商品化したいアイテムをアニメに登場させることもありますが、ヒットした作品ではキャラクターが玩具《がんぐ》やフィギュアなどとして商品化されるほかに、服やアクセサリー、食品など、多岐《たき》にわたって商品化されます。キャラクターなどには著作権、意匠法《いしょうほう》などというアニメを創作した人の権利があるので、権利者に使用許可をとり、いくらかの商品化使用料を払《はら》う必要があります。また、商品化されて多くの人の目にふれることで、そのキャラクターなどに興味をもってもらえることもあるので、アニメ作品にとっても有益です。

収入

固定給、報酬、出来高払いなど さまざまな形態

働き方によって異なる給与《きゅうよ》や報酬《ほうしゅう》

アニメ業界には、監督《かんとく》や脚本家《きゃくほんか》、アニメーターなど、さまざまな仕事があります。また、制作会社に属して会社員として働いている人、自分の会社をもっている人、フリーランスとして活動している人など、働き方もいろいろです。したがって、その職種や働き方によって収入も異なります。

会社員の場合は、会社の規模によって違《ちが》いはありますが、一般的《いっぱんてき》な事務系の仕事と同程度の年収です。会社員として働いている監督《かんとく》などであれば、演出を兼ねて絵コンテを描《か》く、脚本《きゃくほん》を書くなどすれば、別に報酬《ほうしゅう》となります。監督《かんとく》によっては、自身が原作を書いていれば原作料が入ったり、本を出版すれば印税などが発生する場合もあります。

フリーランスは出来高払《ばら》い

フリーランスの場合は手がけた仕事の分だけ報酬《ほうしゅう》が支払《しはら》われる出来高払《ばら》いなので、収入はまちまちです。たとえば、脚本家《きゃくほんか》はテレビのアニメなら、1話20万円という決まりがあります。さらに、ブルーレイディスクなどで脚本《きゃくほん》を書いた作品が販売《はんばい》されれば二次使用料として印税が入ります。1000枚しか売れなければ何十円という額ですが、10万枚売れるヒット作であれば何百万円にもなります。

仕事をすればするほど収入は上がるわけですが、作品の質を維持《いじ》するためにはある程度仕事をセーブして自己管理をすることも大切になってきます。

就職するさいには確認を

アニメーターの仕事は、正社員として雇用《こよう》する会社と、フリーランスを契約《けいやく》社員とする会社があります。アニメの場合の契約《けいやく》社員は、そのテレビアニメシリーズの始まりから終わりまで、劇場《げきじょう》アニメなど、作品ごとの契約《けいやく》になることが多いでしょう。正社員も契約《けいやく》社員も、その会社の規模や給料形態によって、固定給のみ、描《か》いた枚数による歩合制、固定給＋描《か》いた枚数による歩合制のところなど、さまざまです。就職するさいは、どういった給与《きゅうよ》体制なのかをきちんと確認したほうが良いでしょう。また、アニメーターは、原画スタッフと動画スタッフで大きく収入が変わります。動画スタッフのあいだは一般《いっぱん》の会社の給与《きゅうよ》より少ないところも多いようですが、原画スタッフになると大幅《おおはば》に昇給《しょうきゅう》します。

事務所に所属するケースも

声優は、事務所に所属していても、給料ではなく、出来高払《ばら》いのことが多いでしょう。テレビのアニメや洋画の吹《ふ》き替《か》えなどは、若手の声優だと1話の出演で1万5000円という決まりがありますが、そこから事務所のマネージメント料や税金などが引かれると、手取りは1万円くらいになります。毎週放送されるアニメに出演していても月に4万円で

すが、主要な登場人物の声優をする人であれば知名度も上がり、イベントやゲーム、歌手としての活動などからも収入が得られます。経験が豊富で名前も知られた声優だとそれに応じて1話の出演料も高くなります。

一日の流れ

職種によって異なる就業時間

時間をやりくりして納期を守る

アニメーターや撮影《さつえい》、音響《おんきょう》などのスタッフは、制作会社に所属していることが多いです。多くの制作会社では、10時始業、18時ごろ終業と定められていますが、納期のある仕事なので、時間内に終わらずに残業しなければならないことも少なくありません。

また、さまざまな工程があるので、日々の打ち合わせも大切な業務です。それぞれの仕事の大まかな一日の流れを見ていきましょう。

・アニメーター

就業時間のなかで作画作業をします。固定給＋歩合制の会社が多いので、一日に何枚描《えが》けるかで収入が違《ちが》ってきます。

・**撮影**《さつえい》

その日によって、打ち合わせ中心の日や、撮影《さつえい》作業をずっとしている日などがあります。撮影《さつえい》は、前の工程の作業のスケジュールが押《お》すことで、撮影《さつえい》にかける時間が減ってしまうことも。そのため、短い日数のなかで作業を進めなければならないこともあります。

・**編集**

作業データが、それぞれの職種の人やほかの部署から届くのが午後ということもあり、慣例的に始まりが遅《おそ》く設定されている会社が多いようです。お昼の12時くらいに始業します。始まりが遅《おそ》い分、夜も遅《おそ》い時間まで作業することになります。

・**音響**《おんきょう》

レコーディングは、演者のスケジュールに合わせて、毎週何曜日の何時からと決められています。レコーディングをしていない時間は、すでにレコーディングしたデータやBGM、効果音のミックス作業を行うといった作業時間にあてられます。また、つぎの週のレコーディングに向けて、台本のチェックをし、出演者決めや使う音楽を選ぶ作業などをします。

・**声優**

一日に何本仕事が入っているかで、その日の流れが異なります。朝の10時からレコーディングがある場合は、昼過ぎにはレコーディングが終了《しゅうりょう》し、夕方から別のレコーディングに行くこともあります。また、それ以外の時間には台本を読んだり、歌などのレッスンにはげみます。

会社所属とフリーランスでも違《ちが》う一日

アニメ関係の仕事は、いろいろな役割の人が連携《れんけい》して仕事をするため、一日の流れもそれぞれ仕事によって違《ちが》います。

また、会社に所属している人と、フリーランスの人でも時間の使い方が異なります。脚《きゃく》本《ほん》家《か》などフリーランスの場合は、自分で就業時間を決めて、締《し》め切《き》りまでに成果物を納品するというスタイルをとるため、明確な就業時間の定めがないこともあります。したがって、自分で仕事の配分や時間の使い方を考え、仕事のクオリティーを担保していかなければなりません。

4章

なるにはコース

適性と心構え

アニメ好きなだけでなく、根気と情熱のある人

アニメ業界で求められること

2章、3章で紹介《しょうかい》したように、アニメ業界ではさまざまな職種の人が働いています。それぞれの専門分野の力を結集し、一つの作品をつくりあげていくのです。今世界に誇《ほこ》れる日本の文化の一つであるアニメ。アニメ業界で働くには、どんな適性と心構えが大切なのでしょうか。

好きなだけではできない仕事

「アニメを見るのが大好き!」という人は、世の中にたくさんいます。これから進路を決めようという人たちのなかにも、漠然《ばくぜん》とアニメ業界にあこがれをもったり、好きだから

やってみたいという人も多いでしょう。

この本に登場する人たちを含《ふく》めて、アニメ業界にはさまざまな職種の人がいます。職種が違《ちが》っても、働き続けている人たちはみなさん異口同音に「単に好きなだけでは、アニメ業界の仕事は続かない」と言っています。まず、たくさんある職種のなかで、具体的に自分が何をやりたいかという目標をはっきりもたなければ、単にあこがれだけで終わってしまいます。

たとえば、アニメーターになるために専門学校へ行こうと思うなら、中高生のあいだに自分なりにある程度の絵が描《か》けるようになっていることが大切です。アニメ系の専門学校や美術系大学には、全国から絵を描《か》く才能がある人たちが集まってきます。スタート地点で基礎的《きそてき》な画力がないと、授業そのものを楽しめなくなり、結果的に志望する進路を選べないということにもなり得ます。

したがって、アニメ業界で仕事をしようと思うなら、どういう職種が自分に合っているかを考え、自分なりに調べて行動してみることが大事でしょう。

アーティストではなく、クリエーターとして

アーティストとは、作家や画家など、文章や絵で自分の世界観を創造する人のことをい

います。クリエーターは、自分のセンスや技術でものづくりをするところはアーティストと同じですが、クライアント（依頼《いらい》する人）がいてその依頼《いらい》に沿った作品をつくる人です。したがって、クリエーターは、自分の世界観ではなく、クライアントが欲しいものをつくります。

アニメの世界で活躍《かつやく》するのは、アーティストではなく、クリエーターです。「○○のようなアニメがつくりたい！」と業界に入っても、自分の望むものがすぐつくれるとは限りません。クライアントが欲するものを理解し、時間や予算に限りがあるなかで最大限に力を発揮するよう努力できる人が求められています。

コミュニケーション能力も大切

アニメはさまざまな職種の人が専門の技術力を結集して1本の作品をつくりあげています。したがって、スポンサーや監督《かんとく》の意向を汲《く》みながら、自分の担当箇所《かしょ》では、こういうふうにしたら物語がもっとおもしろくなるのではないかと、常に話し合いつつ作品づくりを進めていく必要があります。たとえば、脚本家《きゃくほんか》なら、テーマに沿ったストーリーになるよう、何度も監督《かんとく》などと話し合います。また、おもしろいストーリーでも、アニメーターの意見をもらって描《えが》きやすい設定を考えたりもします。さらには、声優と話し合って、言いやすいせりふに替《か》えることもあるでしょう。

このように、各担当が連携《れんけい》することによってストーリーのバランスが取れ、テーマが一貫《いっかん》した良い作品が生まれます。仕事を円滑《えんかつ》に進めるためにも、ほかの職種のスタッフとのコミュニケーションは大切です。

必要なのは根気と忍耐力《にんたいりょく》、そして健康

1本のアニメ作品を最後まで完成させるには、根気と忍耐力《にんたいりょく》が必要です。たとえば、1本のお話を最初から最後まで書くための根気。脚本《きゃくほん》が1回でOKになることはあまりあ

りません。ストーリーがおもしろくても、予算やカット数の観点から何回か描《か》き直《なお》しをしなければなりません。また、30分のテレビアニメでも、絵のカット数は3000～5000枚に上ります。アニメーターは、その枚数を3カ月くらいで仕上げなければなりません。もちろん、アニメーターは一人ではなく数人で分担しますが、それでも1日に何枚もの絵を仕上げ、その作業を何日も続けなくてはなりません。編集の仕事も、数秒の時間調整をしなければならない、緻密《ちみつ》な作業です。

それらの作業に取り組むには、長時間仕事に取り組める集中力、仕事をやり遂《と》げる根気や忍耐力《にんたいりょく》が欠かせません。そして、もちろん体と心の健康を保たなければ仕事に対するモチベーションも下がってしまいます。忙《いそが》しいなかでも自分なりに心をリフレッシュさせ、健康的な生活を維持《いじ》するように努めることも大切です。

物語に魂《たましい》を吹《ふ》き込《こ》む情熱

以上のように、依頼《いらい》に沿った作品をつくり、多くの職種の人とコミュニケーションをとって完成をめざすことが大事ですが、さらに大切なのは物語に魂《たましい》を吹《ふ》き込《こ》むことです。いくら技術力が高く、淡々《たんたん》と仕事をこなせても、「作品をおもしろくしたい！」という情熱がなければ、良い作品は生まれません。

脚本家《きゃくほんか》は、いかにおもしろい作品にして、キャラクターを生き生きと活躍《かつやく》させられるかを常に考えています。撮影《さつえい》スタッフは「このシーンは、ここにエフェクトを入れたほうが効果的」、編集スタッフは「このシーンを長くすることで、情感が出る」などと、求められていること以上のことを追求します。限られたスタッフや時間、予算のなかで、より良い作品を生み出そうと、それぞれが試行錯誤《しこうさくご》をしています。そのように、仕事に対して情熱をもてることが何よりも大事です。

資格

特別な資格は不要。知識と経験、強い気持ちが大切

アニメ業界で活かせる資格

アニメ業界において必要な資格というものはありません。新しい物語を創造する力と、「アニメをつくりたい！」という強い気持ち、仕事を続けていく集中力や根気があれば、学歴や資格に関係なく、アニメ業界で働くことができます。そして、学生時代にアニメ以外のいろいろな経験をして、自分が好きなことの専門知識を増やしておくことが、アニメ業界に入った時の財産になります。人とは違《ちが》う専門知識をもつことで、今までにない視点をアニメに取り入れることができるのではないでしょうか。

ただ、「アニメーターだったら高い画力」というように、それぞれの職種で必要な技術力は、養っておくべきでしょう。

強いていえば、最近はデジタル作画も増えてきたので、CGクリエイター検定の資格を取るための勉強は、役に立つかもしれません。CGクリエイター検定とは、CG－ARTS協会が主催《しゅさい》するデザイン全般《ぜんぱん》やCGの作成、映像・アニメ制作に関する知識や技術を測る検定です。検定は、ベーシックとエキスパートの2種類があります。ベーシックは2D・3DCGのデザイン、CGによる静止画制作の知識が問われます。エキスパートでは3DCGや映像制作の専門的な理解と、3次元CG映像の制作に必要な知識が測られるというように、難易度が違《ちが》います。

また、アニメーターや色彩《しきさい》設計をめざしている人には、色彩《しきさい》検定という資格があります。色に関しては、その人のセンスや経験と思われがちですが、プロフェッショナルとしては理論の裏付けも大事です。色についての理論的な知識、色の組み合わせ方などを学べる検定で、レベルによって1～3級の3段階に分かれています。3級が基礎《きそてき》的なこと、1級がプロフェッショナル向けです。UC（ユニバーサルカラー）級という特定の色が識別しにくい人に配慮《はいりょ》した、誰《だれ》もが見やすい色使いに関する検定もあります。

色彩《しきさい》検定は、必要な資格ではありませんが、アニメーターや色彩《しきさい》設計など「色」を使う仕事の人にとっては、有効な資格です。専門学校のアニメ学科などでは、色彩《しきさい》検定3級を受けることを推奨《すいしょう》している学校もあります。

いずれも国家資格ではなく、民間の資格です。

学ぶ場所

どの学校で何を学ぶか？自分がめざす方向を考える

仕事によって必要な技術は異なる

アニメは、さまざまな職種の人たちが集まって一つの作品をつくります。

今は大学にもアニメの専門学部がありますが、自分がなりたい職種では具体的にどんな仕事をしていて、どんな技術が必要になるのかを調べてみるといいでしょう。

たとえば、作画をめざす人は、高校卒業後に美術大学に進学する人と、アニメーターの専門学校に行く人がいます。美術大学でも専門学校でも、絵について学ぶ点は同じですが、美術大学ではより芸術としての映像や理論を学ぶケースが多いでしょう。一方で専門学校では、より商業的な、アニメの作画ソフトの使い方や実践《じっせんてき》的な技術を学ぶことができます。

アニメの撮影《さつえい》や編集、音響《おんきょう》などの仕事を専門的に学べる学校は、多くありません。映像という大きなくくりで考えて、実写の映像作品の制作を学ぶ学校に行く人もいます。また、そうした仕事とは関連のない大学や専門学校に進んだのちに、アニメの制作会社に入社して、はじめて技術を教わるというケースもあります。

声優には専門学校や事務所が運営する養成所があり、それぞれカリキュラムには少しずつ違《ちが》いがあります。声優として仕事をするうえで必要な技術は、そうした学校に通うことでひと通り学ぶことができます。大学や劇団で演劇を学んで声優の仕事に就く人もいます。

アニメ制作は、どの工程においても、アニメが好きというだけでは続けられない、職人の技と根気が求められます。たとえば、絵が描《か》けなければ、アニメ制作のどの部分の仕事なら、自分の持ち味を活かしてがんばることができるのか、学校を選ぶ前に一度自己分析《ぶんせき》をしてみるといいでしょう。

どの学校に行って何を学べば正解ということもありません。自分自身が将来どういう作品づくりをしたいのか、どんな表現をしたいのかによっても、学ぶ内容は変わってくるからです。そうしたことを見極めるためにも、自分の個性や得意な部分は何なのか、どう持ち味を伸《の》ばしていったらいいのかということを、自分自身をプロデュースするつもりで考えてみると、何を学べばいいのかということも自然と見えてくると思います。

取材先提供

アニメ制作の現場に入る前に知っておいてほしいこと

専門学校デジタルアーツ東京《とうきょう》アニメ学科講師・いなほ
山《やま》根《ね》裕《ゆう》二《じ》郎《ろう》さん

作画だけではないアニメ学科

デジタルアーツ東京のアニメ学科には、アニメーターコースとアニメ彩色《さいしき》コースがあります。アニメーターコースでは、アナログとデジタル、それぞれのアニメの作画方法について学べます。アニメ彩色《さいしき》コースではアニメの仕上げや撮影《さつえい》による特殊《とくしゅ》効果のつけ方、編集などについて学べるのが特徴《とくちょう》です。私を含《ふく》め、講師はみな、アニメ制作の第一線で仕事をしているので、実際に現場でどんな技術が求められるのか実例とともに学ぶことができます。

アニメ制作というと、作画の仕事を真っ先にイメージするのではないでしょうか。しかし、アニメーターが絵を描《か》けば、すぐにアニメ作品として放映できるわけではなく、さまざまな工程でたくさんのスタッフが作業をして、はじめて人びとが目にするアニメの形になります。

もっといえば、アニメ制作にかかわるスタッフ全員が絵を描《か》く仕事をしているわけではありません。仕上げ、特殊《とくしゅ》効果をつける撮影《さつえい》、背景を描《か》く美術、CGをつくる仕事もあります。アニメ制作にかかわりたいという気持ちが強ければ、学校に入ってから、どんな仕事があるのかを授業で学んで、何を専門にするのかを考えることもできます。

アニメ制作の仕事に興味があるという人は、絵が苦手だとしても、ほかにどんな仕事があるかをくわしく調べてみるといいでしょう。

ほかの学科と連携《れんけい》して作品づくり

専門学校は2年間です。その締《し》めくくりに、クラスメートの力だけで一つの作品をつくる卒業制作があります。

アニメーターコースの学生が作画をし、アニメ彩色《さいしょく》コースの学生が、仕上げや撮影《さつえい》、編集をします。シナリオ学科からはシナリオのプロットを募集《ぼしゅう》し、声優学科では出演声優のオーディションも行う本格的な制作です。

アニメーターコースで作画技術を専門的に勉強するだけでは、いざ現場に出た時に困ることがたくさんあります。お話ししたように、アニメ制作は多くのスタッフがかかわって一つの作品をつくるため、周囲と上手《じょうず》にコミュニケーションをとりながら仕事を進めていくことが求められます。作画のあとに仕上げや撮影《さつえい》、編集といった工程があるので、作画に多くの時間を使うスケジュールを組んでしまうと、あとの工程で作業をする時間がどんど

アニメ学科の作品

ほかの学科と協力して完成させた作品

ん少なくなってしまうのです。これは、作画に限らず、ほかの役割のスタッフにも同様のことがいえます。

たがいの作業内容を知り、実際にスケジュールの調整をしあうことは、技術と同じくらい大切なことです。アニメ制作の仕事に就きたいと考える人には、現場に入る前に、ぜひこうした経験をしてみてほしいと思います。

就職までをサポート

私はいつも、映像作品をつくるさいは〝最初の5秒に全力を込《こ》めなさい〟と指導しています。最初の5秒で人をひきつけられない作品は、最後まで観てもらうことができないからです。

アニメ制作の仕事に就くのに、学歴や資格は必ずしも必要ではありません。どれだけ絵が描《か》けるのかということや、どんなことができるのかが判断されます。そこで、アニメーターや仕上げのスタッフとして就職活動をするさいには、自分の描《えが》いたさまざまなタッチの作品や映像を1冊のファイルに収めたポートフォリオをつくり、入社を希望する会社に提出します。

ポートフォリオも映像作品と同様で、自分の思う自信作をただ並《なら》べて入れても、最初から最後まで見てもらえるかといえば、そうではありません。どんな絵を、どんな順番で入れたら自分の良さや能力が伝わるかも考えて並《なら》べることが重要になってきます。

デジタルアーツ東京は、少人数制で各講師と学生の距離《きょり》が近いことが強味の一つです。授業ではそれぞれが課題と感じていることをていねいに指導・解決しています。難しいように思えるポートフォリオの作成も、学生一人ひとりと講師が対話して、アドバイスをしながらつくりあげていきます。そのような授業と学生の高いモチベーションで、例年ほぼ100%の卒業生がアニメ制作関連の会社に就職しています。また、つながりの深いアニメ制作会社には、毎年優先的に卒業生が入社しています。現場に出るまでの技術や心構え

人物や立体物など多彩な絵をまとめたポートフォリオ

を学べるだけでなく、就職するまで手厚いサポートを受けられることは大きな魅《み》力《りょく》です。

学校選びは何をしたいかで決める

進学先に大学を選ぶか専門学校を選ぶかは、自分が将来どんなクリエーターになって、何をつくりたいのかでも変わると思います。アニメ制作にはどんな仕事があるかを調べるとともに、自分がやりたいことはなんなのか、自問自答してみるのがいいと思います。

まず、「アニメ制作の仕事に就きたい」理由は、アニメが好きだからでしょうか、それとも、制作の仕事が好きだからでしょうか。前者の気持ちも大切なのですが、制作の仕事に就くのであれば、一生打《う》ち込《こ》める仕事なのかをぜひ考えてみてほしいと思います。そのうえで、やってみたい！　と思うのであれば、そこではじめて、どんな学校選びをするかを考えてみるのがいいのではないでしょうか。

図表3 専門学校のカリキュラム例

アニメ学科アニメーターコース	
デジタルアニメーション概論	個人やグループでショートアニメーションなどに挑戦。アニメ制作全体の流れを理解し、1作品つくりあげる持久力をつけます。アニメーション制作に必要な技術を習得します。
制作実習	卒業制作としてアニメーション（ノベルス・シナリオ学科、声優学科との合同企画）を1本制作します。
映像論	アニメ業界をめざす人が見ておくべき映像を鑑賞します。映像を分析しクリエータとしての視点を養い、引き出しも増やします。
デジタルアニメーション実習	“CLIP STUDIO PAINT”、“After Effects”、“Premiere Pro”、“Photoshop”を使って、キャラクターアニメーションを制作できる技術を学びます。
実践学習	コミュニケーション能力を高める授業です。就職指導（履歴書の書き方や模擬面接）も実施します。
演出・絵コンテ	実際に絵コンテを描いてみて、何が有効で、何が作品を良くするかを学びます。
レイアウト・原画	レイアウト・原画を描く技術を習得します。さまざまなシーンの作画を経験し、キャラクターの演技や構図について学びます。
動画	基礎的な動画（トレス・中割り）の課題に挑戦します。歩き・走り・振り向き・なびきなどの基本的な作画法を学びます。
デジタル作画	アニメ業界がデジタル作画に移行する可能性に備え、“CLIP STUDIO PAINT”を使っての作画方法を習得します。
デッサン	本格的なデッサンに挑戦し、物のシルエットや印影・奥行きを捉える力を養います。

アニメ学科アニメ彩色コース	
デジタルアニメーション概論	個人やグループでショートアニメーションなどに挑戦。アニメ制作全体の流れを理解し、1作品つくりあげる持久力をつけます。アニメーション制作に必要な技術を習得します。
制作実習	卒業制作としてアニメーション（ノベルス・シナリオ学科、声優学科との合同企画）を1本制作します。
映像論	アニメ業界をめざす人が見ておくべき映像を鑑賞します。映像を分析しクリエータとしての視点を養い、引き出しも増やします。
デジタルアニメーション実習	“3ds max”、“Photoshop”、“Illustrator” を使い、アニメ背景美術等を制作できる技術を学びます。
実践学習	コミュニケーション能力を高める授業です。就職指導（履歴書の書き方や模擬面接）も実施します。
デジタルペインティング	“PaintMan”などで塗る技術のほかに、デジタルペインターに求められる線修正やスキャンなどの技術も学びます。
撮影・特殊効果	“After Effects” を使用した撮影を学びます。基礎的なコンポジットから応用的な撮影処理まで習得します。
編集実習	実際にグループでムービーを撮りながら、映像制作の基礎（カット割り・どこから撮るか・どう撮るか）を学びます。
3DCG 実習	アニメ制作に必要な3DCGの技術を習得し、映像づくりに幅をもたせる技術を習得します。
デッサン	基礎からデッサンを学び、全方向から物を捉えられる技術を習得します。

デジタルアーツ東京カリキュラムより一部改変

就職の実際

自分から動いて情報を集めよう

大多数はアニメ制作会社からスタート

アニメ業界の就職とひと口にいっても、さまざまな仕事があります。どの仕事でも、まずアニメの制作会社に入社することが多いでしょう。監督《かんとく》や脚本家《きゃくほんか》、編集、撮影《さつえい》のスタッフは、一般《いっぱん》の大学や短期大学、アニメや映像系の専門学校を卒業して就職することが多いようです。アニメーターや背景美術、色彩設計《しきさいせっけい》のような直接アニメの絵にかかわるクリエーターの場合は、美術系大学、アニメの専門学校を卒業している人が大多数です。

さまざまな求人情報をチェック

作品数も増え、アニメ業界は人手不足の状況《じょうきょう》にあります。したがって、卒業後の進路を決めるころになると、さまざまな制作会社から学校に求人が来ます。即戦力《そくせんりょく》になる専門学校の学生に向けては、よりアニメに特化した就職先が人材を求めて求人を出します。また、専門学校では、実際にアニメ業界で働いている人が講師として学生を教えていることも多いので、制作会社とつながりも深く、就職もしやすいようです。

あまり規模の大きくない会社では、学校などに求人を出さず、自社のホームページなどだけに求人を出すところもあるので、行きたい会社がある場合は、その会社のホームページなども必ず見てみましょう。

また、「どうしても、あのアニメをつくっている会社に入りたい！」という思いが強いのに、その会社が求人情報を出していないこともあるかもしれません。そういう時は、アニメ作品のエンディングに制作会社や制作にかかわった人の名前のテロップが流れるので、調べてみるのもいいかもしれません。直接連絡《れんらく》をとることで、見学をさせてくれたり、うまくいけば就職につながることもあります。自分がなぜその会社で働きたいのか、どういう仕事をしたいのかを熱意をもって話せば、そこから話が広がることもあるでしょう。

経験を積むことで選択肢《せんたくし》が広がる

とはいえ、まだ会社で仕事も任されないうちから、原画スタッフや監督《かんとく》になりたいというのは難しいでしょう。原画スタッフなら数年間動画スタッフを経験してから、監督《かんとく》なら助《じょ》監督《かんとく》を経験してから、というように、ある程度の経験を積まないとなれないポジションもあるのです。それぞれの仕事をしっかり担いながら、「自分は、○○になりたい」という目標をもち続け、チャンスがあれば声を上げ続けるなど、能動的な姿勢がとても大切です。

　昨今は昔《むかし》に比べ、労働環境《かんきょう》が改善されてきたとはいえ、締《し》め切《き》りが間近になれば、残業なども多い職場です。また、会社によって、アニメーターは歩合制による給与《きゅうよ》というところもあります。慣れないころは、仕上げられる枚数も少ないので、当然収入も少なくなってしまいます。労働条件、賃金形態などもよく調べて、会社を選ぶことが大切です。

これからのアニメ業界

国内・海外で需要が拡大 働き方の改善も

映画や動画配信サービスが好調

近年、テレビのゴールデンタイムで放送されるアニメは減少しつつあります。しかし、映画では新海誠《しんかいまこと》原作・監督《かんとく》・脚本《きゃくほん》の『君《きみ》の名《な》は。』など、ヒット作がたくさん生まれています。2020年に公開された長編アニメ『劇場版《げきじょうばん》「鬼滅《きめつ》の刃《やいば》」無限列車編《むげんれっしゃへん》』は、その年の年間興行収入世界第1位、日本歴代興行収入第1位を記録するなど、日本のみならず海外においても、日本のアニメ映画は高い評価を受けています。

近年では世界的な規模の動画配信サービスがオリジナルアニメの制作を手がけるようになり、ここでも日本のアニメは人気を博しています。

日本動画協会《にほんどうがきょうかい》が発表した2018年から2019年にかけてのアニメ制作会社の売り上

げは、3000億円を超《こ》えています。また、グッズ販売《はんばい》などの副次的な売り上げも入れると、2兆5000億円を超《こ》えているそうです。今やアニメは、日本の一大産業となっています。

さらに、スマートフォンで配信される広告などでは、アニメが使用されていることが多々あります。

動画配信サービスを利用する人も年々増えているので、これからもアニメの需要はさらに増えそうです。

効率良く働きやすい職場環境《かんきょう》へ

ひと昔《むかし》前までは、アニメ業界は長時間労働だったり、給料が安いというイメージがありました。特にアニメーターは、1枚いくらという出来高制が一般的《いっぱんてき》だったので、1枚の絵を描《か》くのに時間がかかる経験の浅い人は必然的に収入が低くなってしまいました。しかし、近年では、固定給＋出来高の歩合制を採用している会社が増えてきました。

また、デジタル化が進み、効率良く作業ができるようになってきたので、労働時間も徐々《じょじょ》に短縮されてきています。

アニメ業界をめざすなら

好調なアニメ業界では作品の数も増え、制作現場は慢性的《まんせいてき》な人手不足です。創造的な発想力のある人材が常に求められています。

アニメ業界では、これからさらにデジタル化が進んでいくでしょうから、アニメに必要なデジタルの知識は不可欠になっていきます。学生のうちにアニメに関係のあるコンピュータのソフトをある程度使えるようになっていることも大切です。また、この本で紹介《しょうかい》したように、「絵を描《か》く」だけでなく、アニメ業界にはさまざまな職種があります。自分はどんな職種に就きたいかを考えることも大事ですが、やりたい職種以外のことも知っておくと、スムーズな連携《れんけい》ができるようになるでしょう。

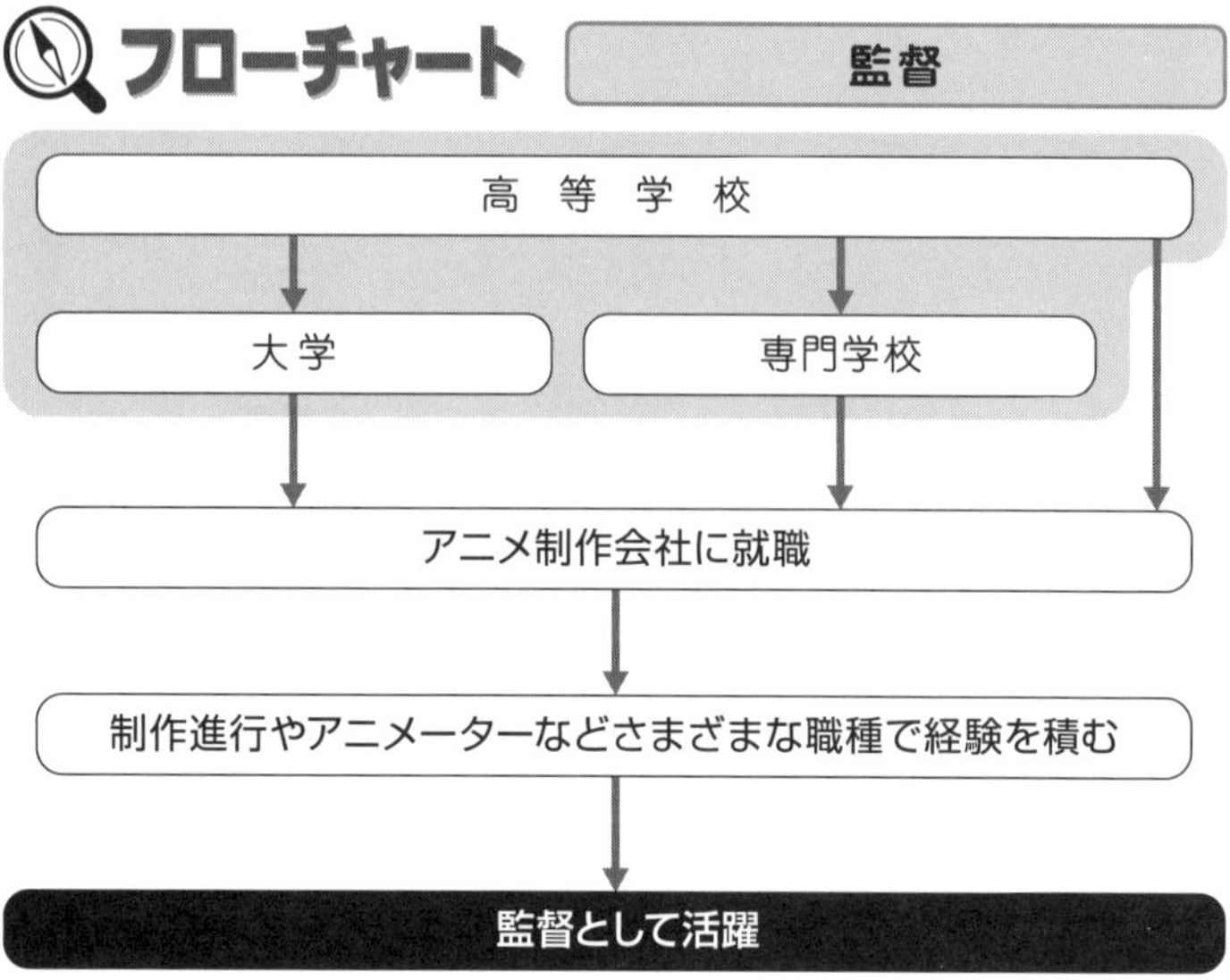
フローチャート
監督
高　等　学　校
大学
専門学校
アニメ制作会社に就職
制作進行やアニメーターなどさまざまな職種で経験を積む
監督として活躍

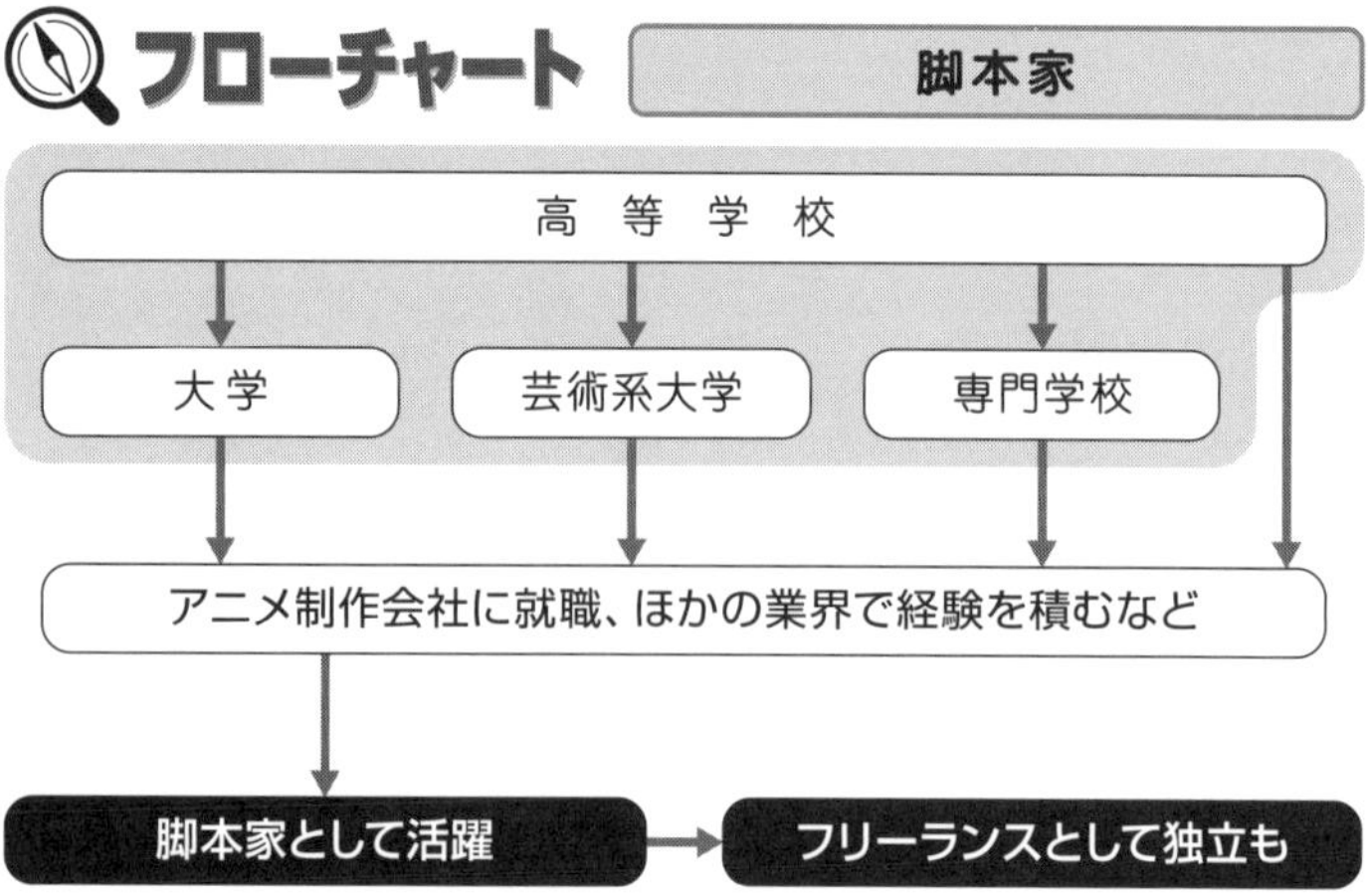
フローチャート
脚本家
高　等　学　校
大学
芸術系大学
専門学校
アニメ制作会社に就職、ほかの業界で経験を積むなど
脚本家として活躍
フリーランスとして独立も

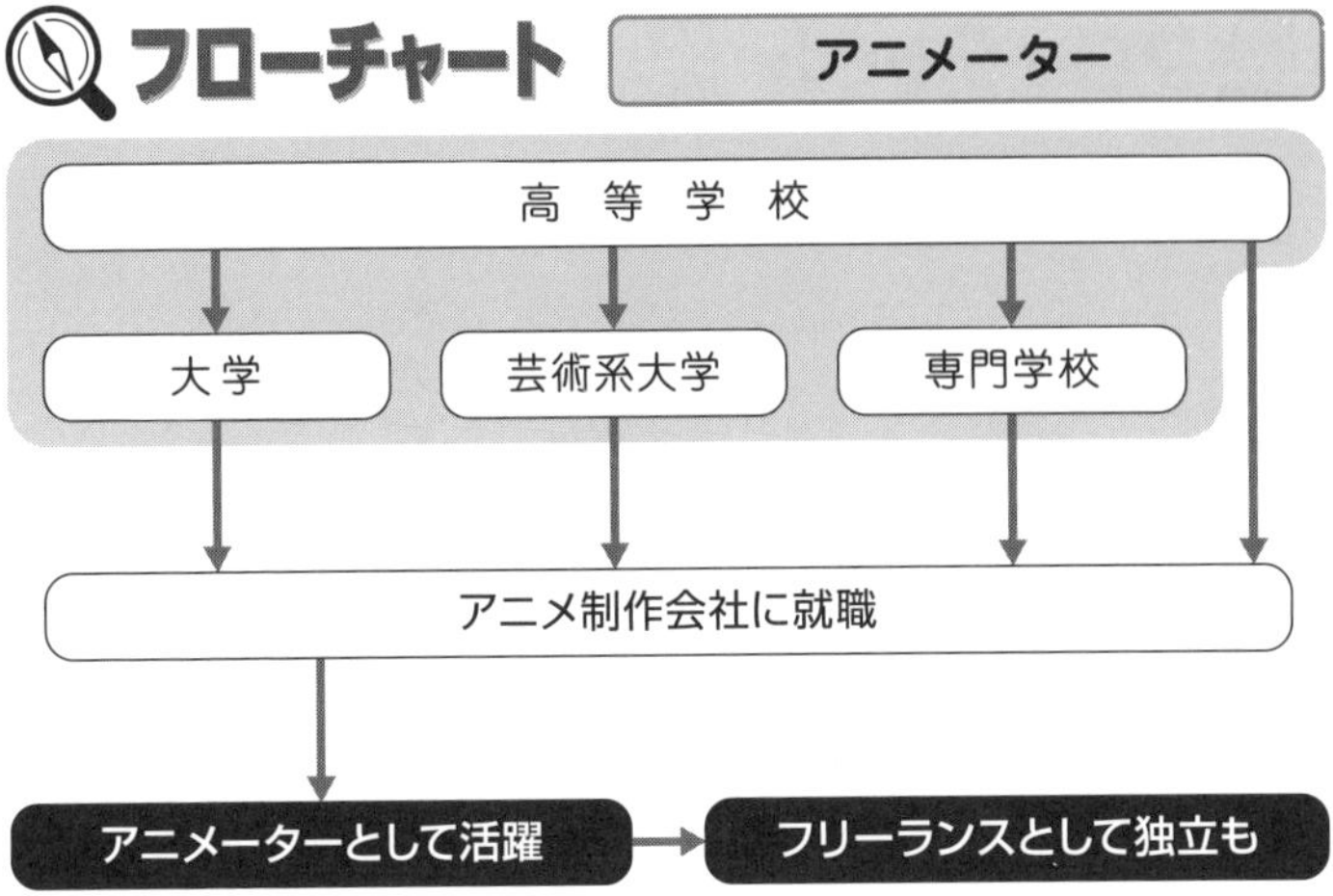
フローチャート
アニメーター
高 等 学 校
大 学
芸術系大学
専門学校
アニメ制作会社に就職
アニメーターとして活躍
フリーランスとして独立も

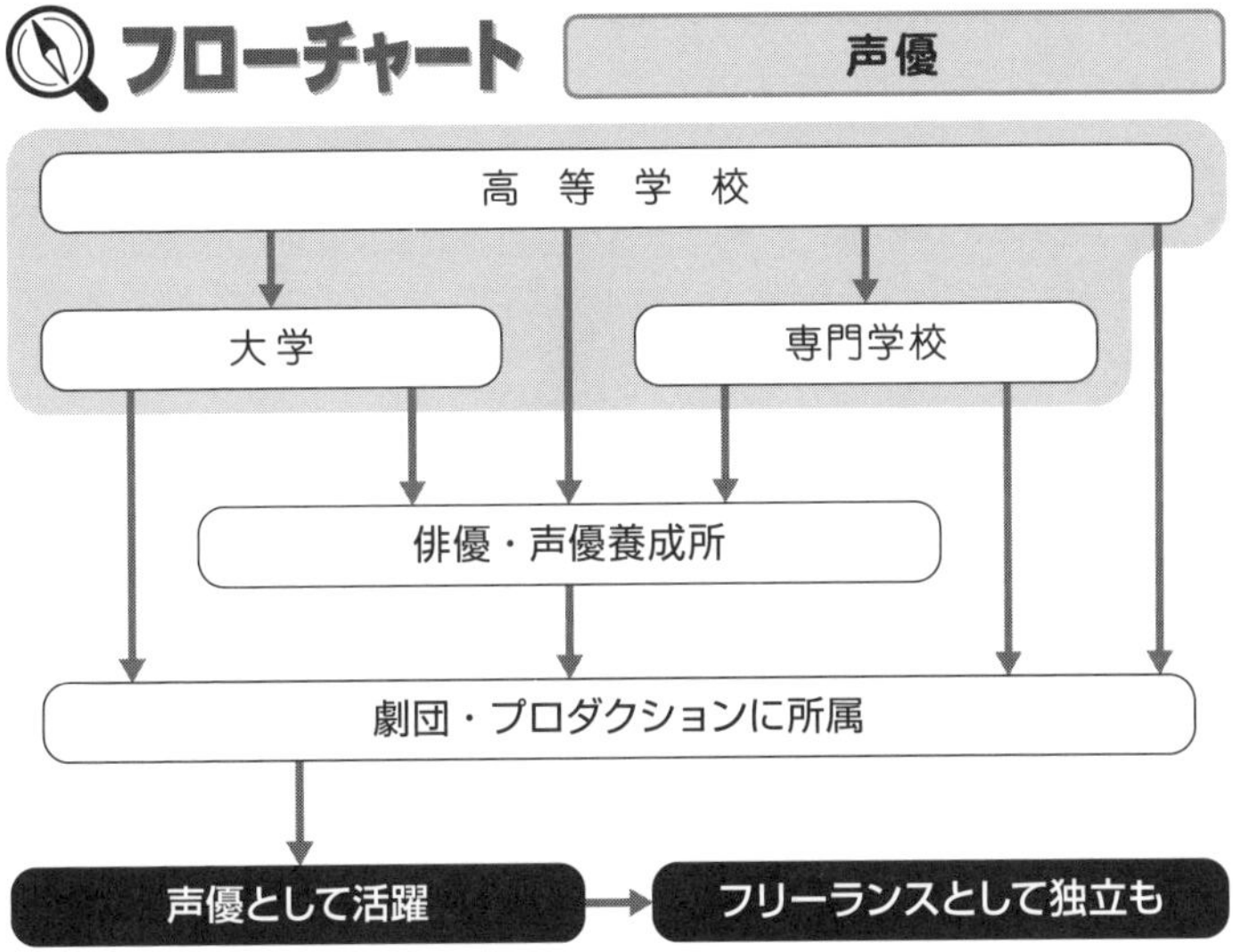
フローチャート
声優
高 等 学 校
大 学
専門学校
俳優・声優養成所
劇団・プロダクションに所属
声優として活躍
フリーランスとして独立も

フローチャート　撮影監督

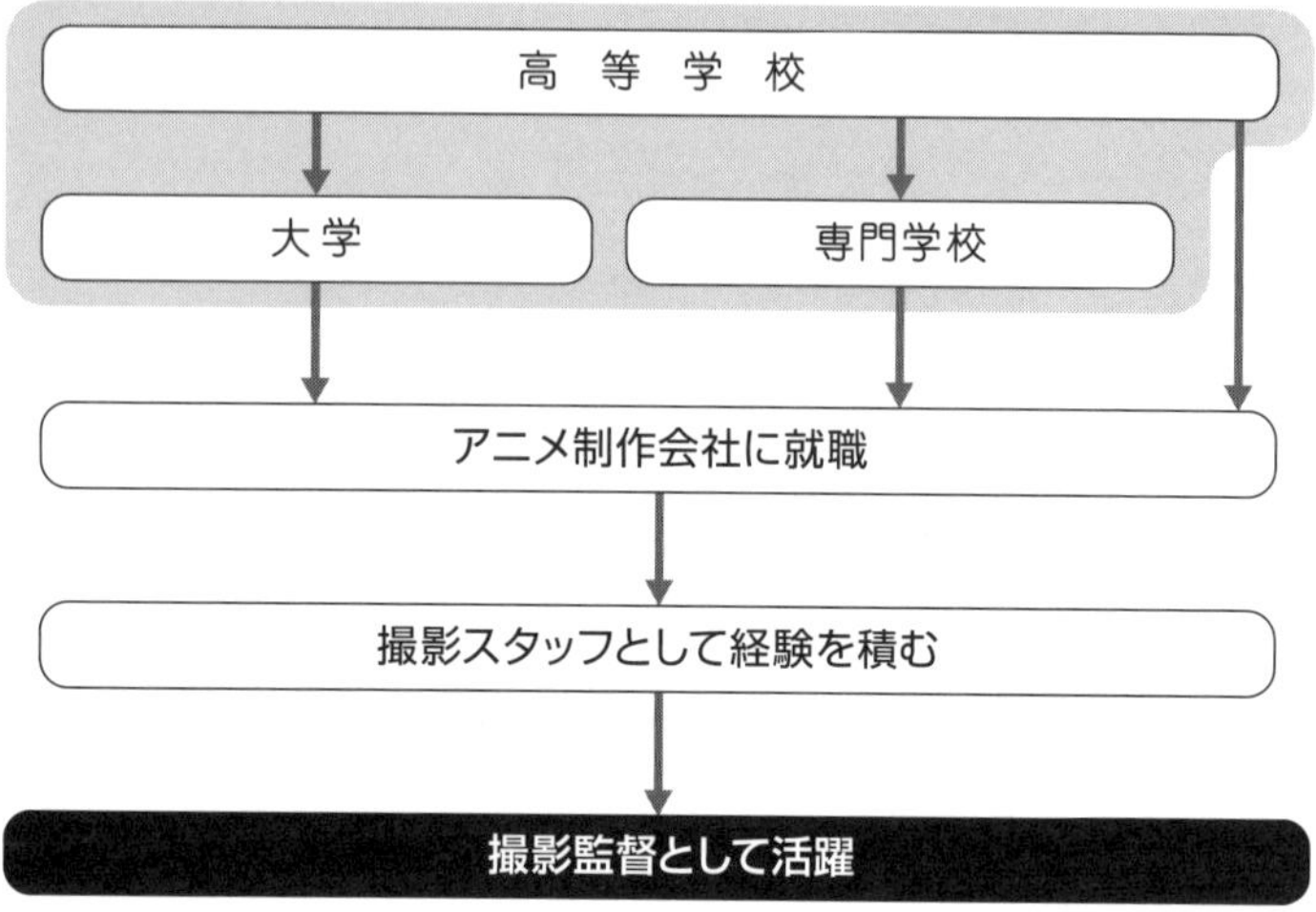

フローチャート　編集

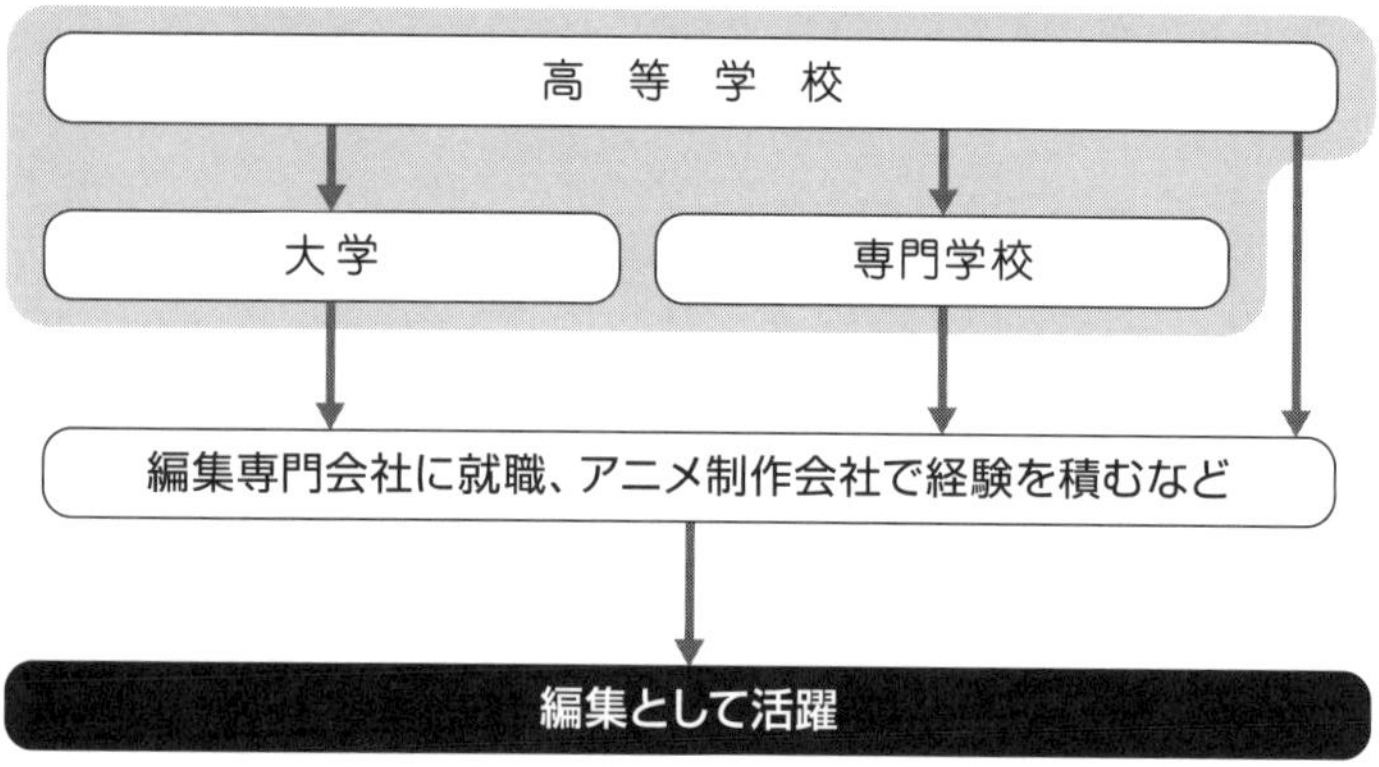

フローチャート　音響監督

高　等　学　校

↓

大学　／　専門学校

↓

アニメ制作会社や音響制作会社に就職、
ほかの業界で経験を積むなど

↓

音響監督として活躍

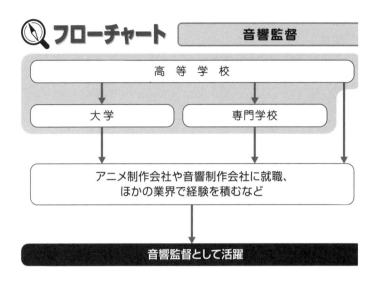

なるにはブックガイド

『世界を変える
アニメの作り方』
岸誠二、上江洲誠著
洋泉社

この本のドキュメントにも登場するアニメ監督岸 誠二と脚本家上江洲誠の作品づくりに迫ります。２人がアニメ制作に至った道のりや、アニメ制作時のエピソードの実録です。制作スタッフのインタビューも収録。リアルな制作現場の空気が伝わってきます。

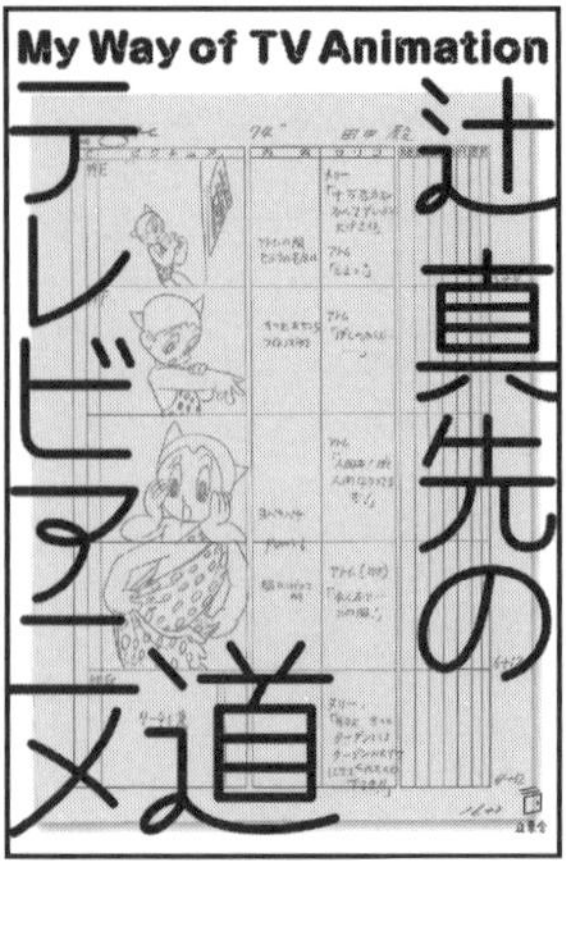

『辻真先のテレビアニメ道』
辻真先著
立東舎

脚本執筆を始めてから60年余。今も『ルパン三世 PART 6』の脚本を担当するなど、現役で活躍する著者がその仕事をふり返る一冊です。テレビアニメの歴史を読み解くと同時に、ベテラン脚本家が仕事に臨むさいに心がけている秘訣なども知ることができます。

『アニメーターの仕事がわかる本』
西位輝実、餅井アンナ著
玄光社

アニメーターの仕事に焦点をあてた、アニメ業界入門書の一冊。アニメーターの仕事の良いところも大変なところも、著者の体験に基づいてくわしく書かれています。アニメーターの実際の仕事ぶりや、業界の全体感を知るのにお勧めです。

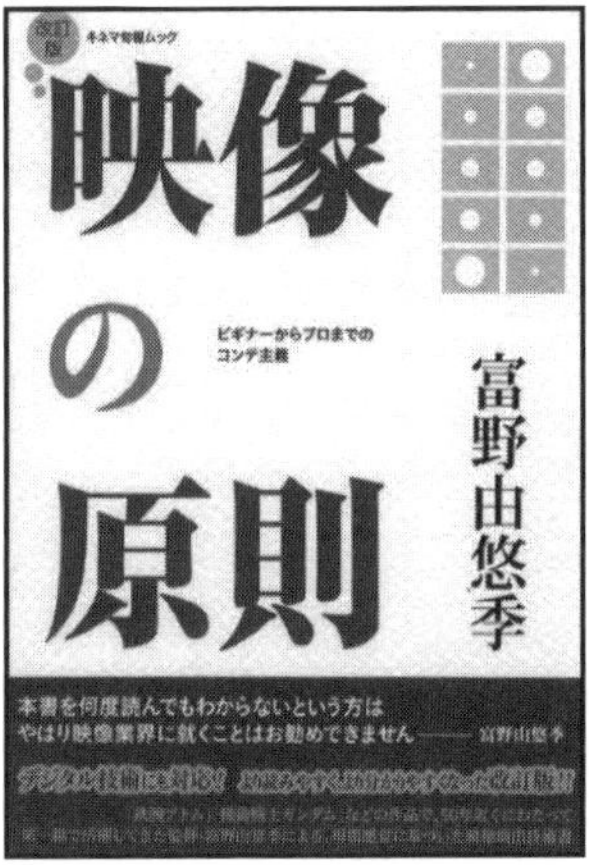

『改訂版 映像の原則』
富野由悠季著
キネマ旬報社

著者は『機動戦士ガンダム』の監督。映像作品を撮るために必要な知識や心構えなどが詳細に解説されています。すべての映像に共通した映像演出技術書です。アニメに限らず、映像作品制作に興味がある人はぜひ読んでみるといいでしょう。

職業MAP！ 興味があるのはどの仕事？

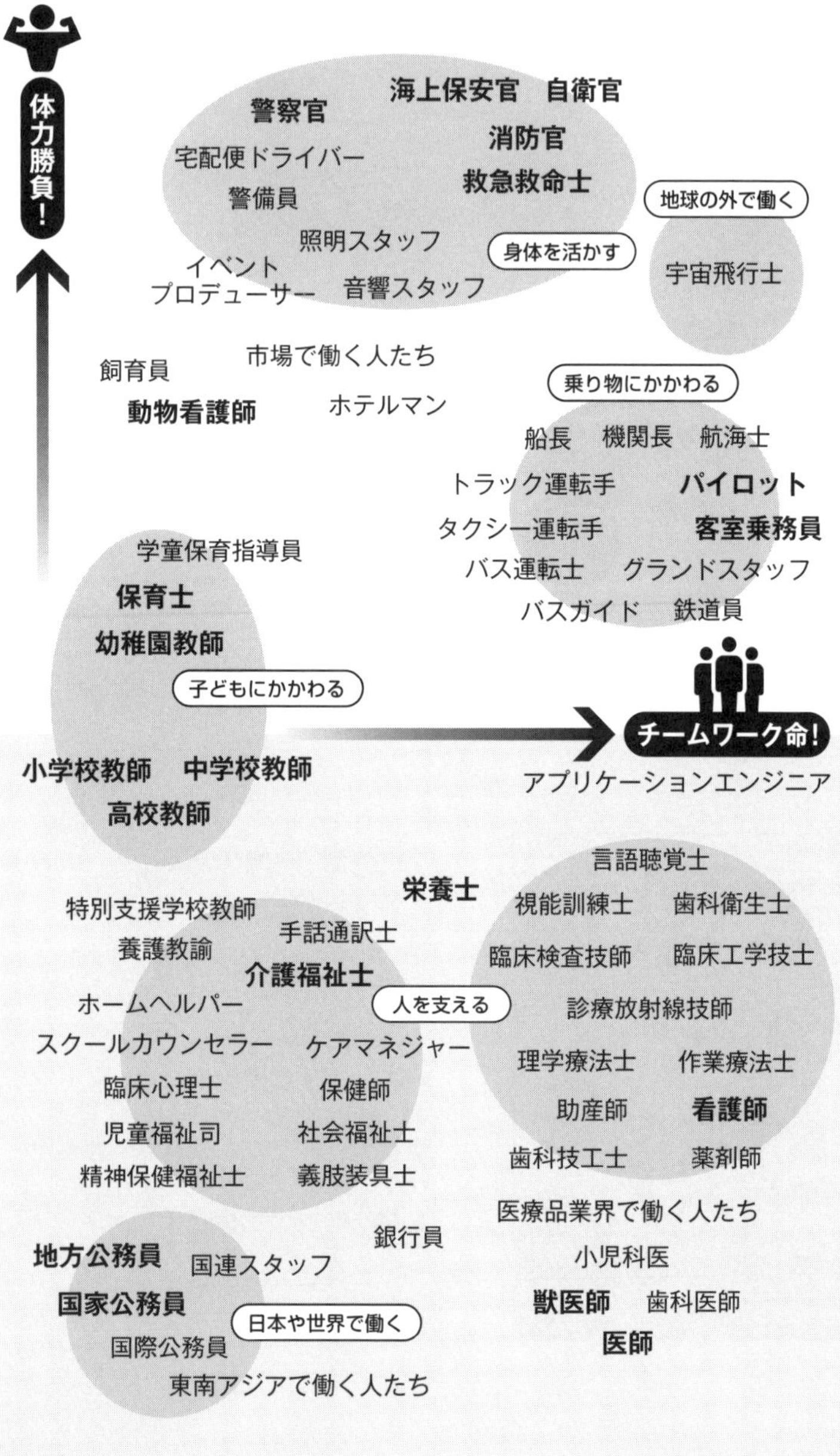
体力勝負！
チームワーク命！
身体を活かす
海上保安官
自衛官
警察官
消防官
宅配便ドライバー
救急救命士
警備員
照明スタッフ
イベントプロデューサー
音響スタッフ
地球の外で働く
宇宙飛行士
飼育員
市場で働く人たち
動物看護師
ホテルマン
乗り物にかかわる
船長
機関長
航海士
トラック運転手
パイロット
タクシー運転手
客室乗務員
バス運転士
グランドスタッフ
バスガイド
鉄道員
子どもにかかわる
学童保育指導員
保育士
幼稚園教師
小学校教師
中学校教師
高校教師
アプリケーションエンジニア
人を支える
言語聴覚士
栄養士
視能訓練士
歯科衛生士
特別支援学校教師
手話通訳士
養護教諭
臨床検査技師
臨床工学技士
介護福祉士
ホームヘルパー
診療放射線技師
スクールカウンセラー
ケアマネジャー
理学療法士
作業療法士
臨床心理士
保健師
助産師
看護師
児童福祉司
社会福祉士
精神保健福祉士
義肢装具士
歯科技工士
薬剤師
医療品業界で働く人たち
日本や世界で働く
銀行員
地方公務員
国連スタッフ
小児科医
国家公務員
獣医師
歯科医師
国際公務員
医師
東南アジアで働く人たち

スポーツ選手
漁師
登山ガイド
農業者
冒険家
自然保護レンジャー
青年海外協力隊員
アウトドアで働く
観光ガイド

芸をみがく
ダンサー　スタントマン
俳優　声優
お笑いタレント
映画監督

犬の訓練士
ドッグトレーナー
トリマー

笑顔で接客する
料理人
販売員
パン屋さん
ブライダル
コーディネーター
カフェオーナー
美容師
パティシエ
バリスタ
理容師
ショコラティエ
花屋さん
ネイリスト

クラウン
マンガ家
カメラマン
フォトグラファー
ミュージシャン
自動車整備士
エンジニア
葬儀社スタッフ
納棺師
和楽器奏者
アニメ業界で働く人たち

個性重視！

気象予報士
伝統をうけつぐ
花火職人
舞妓
ガラス職人
和菓子職人
畳職人
和裁士

イラストレーター
デザイナー
おもちゃクリエータ

人に伝える
塾講師
書店員
政治家
日本語教師
ライター
NPOスタッフ
音楽家
絵本作家
アナウンサー
宗教家
編集者
ジャーナリスト
司書
翻訳家
環境技術者
作家
通訳
秘書
学芸員
ゲーム業界で働く人たち

ひらめきを駆使する
建築家
社会起業家
学術研究者
理系学術研究者
バイオ技術者・研究者
AIエンジニア

外交官

法律を活かす
行政書士
弁護士
税理士
司法書士
検察官
公認会計士
裁判官

知力を活かす！

［著者紹介］

小杉眞紀（こすぎ まき）

成城大学文芸学部卒業。大学卒業後、編集アシスタントを経てフリーランスに。主に、教育関係の雑誌や書籍の企画・編集およびライターとして活躍中。共著書に『ゲーム業界で働く』『アプリケーションエンジニアになるには』（ぺりかん社）ほかがある。

山田幸彦（やまだ ゆきひこ）

和光大学表現学部卒業。大学在学中から、ライターとして活動を始める。現在は、雑誌やウェブなどでゲーム、特撮、アニメなどの取材記事を執筆している。共著書に『ゲーム業界で働く』『アプリケーションエンジニアになるには』（ぺりかん社）がある。

吉田真奈（よしだ まな）

成城大学社会イノベーション学部卒業。電子書籍の取次会社を経て編集プロダクションに勤務。現在はフリーランスのライター・編集者として活動中。共著書に『アプリケーションエンジニアになるには』（ぺりかん社）がある。

アニメ業《ぎょう》界《かい》で働《はたら》く

2021年11月25日　初版第1刷発行

著　者　小杉眞紀　山田幸彦　吉田真奈

発行者　廣嶋武人

発行所　株式会社ぺりかん社
〒113-0033　東京都文京区本郷1-28-36
TEL　03-3814-8515（営業）
03-3814-8732（編集）
http://www.perikansha.co.jp/

印刷・製本所　モリモト印刷株式会社

ISBN 978-4-8315-1600-8　Printed in Japan

＊「なるにはBOOKS」シリーズは重版の際、最新の情報をもとに、データを更新しています。

仕事の実際から
なり方まで解説

なるにはBOOKS

B6判／並製カバー装
平均160頁

130 検察官になるには

最高検察庁協力／
飯島一孝（元毎日新聞社編集委員）著

❶正義の心で捜査する！
❷検察官の世界［検察官とは何だろう？、検察の歴史、組織と仕組み他］
❸なるにはコース［適性と心構え、検事に必要な法曹資格、司法修習］
★★★

65 地方公務員になるには

井上繁（元常磐大学教授）編著

❶地域のために
❷地方公務員の世界［地方公務員とは、地方公務員の職場・組織、さまざまな地方公務員、生活と収入、将来］
❸なるにはコース［適性と心構え、試験の概要、就職の実際］
☆

132 裁判官になるには

最高裁判所協力／
飯島一孝（元毎日新聞社編集委員）著

❶良心と法律で判断
❷裁判官の世界［裁判とは何だろう？、裁判所と裁判官、裁判官の仕事他］
❸なるにはコース［資質と心構え、法曹資格の取り方、司法修習他］
★★★

20 国家公務員になるには

井上繁（元常磐大学教授）編著

❶国民全体の奉仕者として
❷国家公務員の世界［国家公務員とは、国家公務員の特殊性、役所の機構と業務、生活と収入他］
❸なるにはコース［適性と心構え、なるための道のり、試験の概要他］
☆

48 警察官になるには

宍倉正弘（元（財）全防連広報部長）著

❶市民の生活と安全を守る警察［湾岸警察署、機動捜査隊、交通機動隊他］
❷警察官の世界［警察の歴史、機構、警察官の待遇他］
❸なるにはコース［採用試験、警察学校、警察学校教官に聞く］
☆

83 国際公務員になるには

横山和子（東洋学園大学特任教授）著

❶世界の平和と安全に取り組む国際公務員
❷国際公務員の世界［日本と国連とのかかわり、国連・国際機関の組織と仕組み、職場と仕事、生活と収入、将来性］
❸なるにはコース［適性と心構え、国際公務員への道のり、なるための準備］
★★★

88 消防官になるには

益田美樹（ジャーナリスト）著

❶あらゆる危険から人びとを守る！
❷消防官の世界［消防の歴史、消防の組織と仕組み、働く場所と仕事内容、生活と収入、将来性他］
❸なるにはコース［適性と心構え、採用試験、就職、消防学校］
★★★

51 青年海外協力隊員になるには

益田美樹（ジャーナリスト）著

❶自分の技術と経験を活かす青年海外協力隊員
❷青年海外協力隊員の世界［青年海外協力隊とは、青年海外協力隊の歴史、社会的意義と役割、選考と試験他］
❸ほかにもある海外協力［国連組織で働く、民間で行う支援］
★★★

114 自衛官になるには

岡田真理（フリーライター）著

❶自衛隊の現場
❷自衛官の世界［自衛隊とは、自衛隊の仕事、陸海空それぞれの役割、自衛隊の職種、自衛官の生活と収入他］
❸なるにはコース［適性と心構え、自衛官の採用試験、それぞれの養成学校］
★★★

21 弁護士になるには

日本弁護士連合会協力／
飯島一孝（元毎日新聞社編集委員）著

❶市民の事件や紛争を法律で解決！
❷弁護士の世界［弁護士とは何か、働く場所、生活と収入、弁護士のこれから他］
❸なるにはコース［適性と資質、法曹資格の取り方、司法修習、就職他］
★★★

☆☆☆…1600円　★★★…1500円　☆☆…1300円　★★…1270円　☆…1200円　★…1170円（税別価格）

19 司書になるには

森智彦（東海大学専任准教授）著

❶本と人をつなぐ仕事
❷司書の世界［図書館とは何か、司書・司書教諭・学校司書の仕事、図書館と司書の未来、生活と収入］
❸なるにはコース［適性と心構え、資格の取得方法、就職の実際他］

★★★

16 保育士になるには

金子恵美（日本社会事業大学教授）編著

❶子どもたちの成長に感動する日々！
❷保育士の世界［保育士の仕事、保育の歴史、保育士の働く施設と保育の場、勤務体制と収入］
❸なるにはコース［適性と心構え、資格取得について、採用について］

☆

110 学芸員になるには

横山佐紀（中央大学准教授）著

❶モノと知の専門家
❷学芸員の世界［博物館とはなんだろう、博物館の種類、学芸員とは、仕事と職場、さまざまな専門性、生活と収入他］
❸なるにはコース［適性と心構え、資格の取得方法、就職の実際他］

★★★

56 幼稚園教諭になるには

大豆生田啓友（玉川大学教育学部教授）著

❶子どもたちの最初の先生！
❷幼稚園教諭の世界［変化する幼稚園、幼稚園教諭の役割、幼稚園・認定こども園で働く人たち他］
❸なるにはコース［幼稚園教諭の適性、免許の取得方法、就職他］

★★★

105 保健師・養護教諭になるには

山崎京子（元茨城キリスト教大学教授）監修
鈴木るり子・標美奈子・堀篭ちづ子編著

❶人びとの健康と生活を守りたい
❷保健師の世界［保健師とは？、仕事と職場、収入・将来性、なるにはコース］
❸養護教諭の世界［養護教諭とは？、仕事と職場、収入・将来性、なるにはコース］

★★★

29 小学校教諭になるには

森川輝紀・山田恵吾著

❶子どもたちのかけがえのない日々
❷小学校教諭の世界［教師の歴史、小学校の組織とそこで働く人たち、一年間の仕事、一日の仕事、給与他］
❸なるにはコース［心構え、教員免許をとるために、教壇に立つには］

★★★

37 環境専門家になるには

小熊みどり（科学コミュニケーター）著

❶さまざまな分野で活躍する環境専門家たち［環境省職員、研究開発者他］
❷環境専門家の世界［環境問題の変遷、環境専門家の仕事、生活と収入他］
❸なるにはコース［適性と心構え、環境について学ぶには、採用試験と就職の実際他］

☆☆☆

89 中学校・高校教師になるには

森川輝紀（福山市立大学教育学部教授）編著

❶生徒とともに学び続ける
❷中学校・高校教師の世界［中学校教師の職場と仕事、高校教師の１年間の仕事、実技系教師、給与他］
❸なるにはコース［心構え、資格を取るには、教壇に立つには］

☆

61 社会福祉士・精神保健福祉士になるには

田中英樹（東京通信大学教授）・
菱沼幹男（日本社会事業大学准教授）著

❶支援の手を差し伸べる
❷社会福祉士の世界［現場と仕事、生活と収入・将来性、なるにはコース］
❸精神保健福祉士の世界［現場と仕事、生活と収入・将来性、なるにはコース］

★★★

66 特別支援学校教諭になるには

松矢勝宏（東京学芸大学名誉教授）・
宮崎英憲・高野聡子編著

❶特別支援学校ってどんなところ？
❷特別支援学校教諭の世界［障害のある子どものための学校教育の歴史他］
❸なるにはコース［適性と心構え、必要な教員免許状、養成機関、採用・就職］

★★★

5 美容師・理容師になるには
大岳美帆・木村由香里著
❶お客さんをきれいにしたい！
❷美容師の世界［美容と理容の歴史、美容師が担う仕事と職場、生活と収入他］
❸理容師の世界［理容師とはなんだろう、理容師が担う仕事と職場、生活と収入他］
❹なるにはコース［養成校／資格取得他］
★★★

35 販売員・ファッションアドバイザーになるには
浅野恵子（フリーライター）著
❶お買い物に感動を添えて
❷販売員・ファッションアドバイザーの世界［販売の仕事の基礎知識、「小売業」の歴史、生活と収入・将来性］
❸なるにはコース［就職・研修、資格］
☆

118 カフェオーナー・カフェスタッフ・バリスタになるには
安田理（フードビジネス企画開発室代表取締役）編著
❶コーヒーに魅せられて
❷カフェオーナー・カフェスタッフ・バリスタの世界［カフェ業界について学んでみよう、生活と収入、将来性他］
❸なるにはコース［専門学校、就職他］
☆

92 動物園飼育員・水族館飼育員になるには
高岡昌江（いきものライター）著
❶いきものの命を預かる現場
❷動物園飼育員の世界［現場と日常の仕事／生活と収入／なるにはコース他］
❸水族館飼育員の世界［現場と日常の仕事／生活と収入／なるにはコース他］
☆☆☆

139 絵本作家になるには
小野明（絵本編集者）・
柴田こずえ（フリーライター）著
❶絵本のつくり手たち［五味太郎さん他］
❷絵本作家の世界［絵本の特徴・構造・歴史、絵本をつくるためのヒント（酒井駒子さん他）、生活と収入］
❸なるにはコース／主な学校一覧
☆☆

1 パイロットになるには
阿施光南（ジャーナリスト）著
❶空のプロフェッショナルたち
❷パイロットの世界［日本の航空史、現在の航空会社事情、エアラインパイロットの仕事、生活と収入、将来性他］
❸なるにはコース［パイロットへの道・適性と心構え、ライセンス他］
★★★

2 客室乗務員になるには
鑓田浩章（エディトリアルディレクター）著
❶笑顔でおもてなし　空が仕事場！
❷客室乗務員の世界［客室乗務員の誕生から現在まで、航空業界とは、生活と収入、将来性］
❸なるにはコース［適性と心構え、客室乗務員への道のり、就職の実際］
☆

26 鉄道員になるには
土屋武之著（鉄道ジャーナリスト）著
❶鉄道の現場から
❷鉄道員の世界［鉄道員とは、鉄道の歴史と特徴、鉄道員の仕事、生活と収入、将来性他］
❸なるにはコース［適性と心構え、鉄道員の採用試験、就職の実際、養成機関］
☆

155 ＡＩエンジニアになるには
丸山恵（科学コミュニケーター）著
❶ＡＩエンジニアの現場
❷ＡＩエンジニアの世界［ＡＩエンジニアとは、ＡＩの社会的意義、ＡＩエンジニアの仕事、生活と収入、将来地］
❸なるにはコース［適性と心構え、必要な知識と学べる場所、就職の実際他］
★★★

156 アプリケーションエンジニアになるには
小杉眞紀・吉田真奈・山田幸彦著
❶サービスアイデアを実現するアプリケーションエンジニア
❷アプリケーションエンジニアの世界［職場と働き方、生活と収入、将来性他］
❸なるにはコース［適性と心構え、資格や道のり、養成機関について、就職他］
★★★

補巻 21　医薬品業界で働く

池田亜希子(サイエンスプロデューサー)著

❶医薬品業界を知ろう！
❷創薬研究者、医薬品開発者、医薬情報担当者（ＭＲ）、薬事担当者
❸安全性管理担当者、審査調整官、病院薬剤師
❹なるにはコース［資格と取得方法他］

★★★

補巻 22　スポーツで働く

谷 隆一(ライター・編集者)・藤江亮介著

❶スポーツにかかわる仕事を知ろう
❷プレーしながら働く［実業団選手、公務員選手、なるにはコース他］
❸競技を支える仕事［プロチームスタッフ、トレーナー、なるにはコース他］

★★★

補巻 23　証券・保険業界で働く

生島典子(ライター・編集者)著

❶証券・保険にかかわる仕事について知ろう
❷証券会社の仕事［エコノミスト、ディーラー、ネット証券］
❸運用会社の仕事［ファンドマネージャー］
❹保険会社の仕事［営業、商品設計、他］
❺なるにはコース［適正と心構え他］

★★★

補巻 24　福祉業界で働く

戸田恭子(フリーライター)著

❶まずは福祉業界を学ぼう
❷日常生活をサポートする福祉の仕事
❸さまざまな相談に応じる福祉の仕事
❹身体機能の回復を図る福祉の仕事
❺健康管理・病気予防のために働く福祉の仕事
❻まだまだある福祉の仕事

★★★

補巻 26　ゲーム業界で働く

小杉眞紀・山田幸彦著

❶ゲーム業界を知ろう
❷ゲームを生み出すプロフェッショナル！［プロデューサー、キャラクターデザイナー他］
❸ゲームづくりとつながる人たち［プログラマー、品質管理、ｅスポーツ運営他］
❹なるにはコース［適正と心構え他］

★★★

補巻 16　アウトドアで働く

須藤ナオミ(アウトドアライター)著／キャンプよろず相談所編

❶アウトドアの仕事とは
❷用具にかかわる仕事［販売員、メーカー社員］／フィールドにかかわる仕事［登山ガイド他］／メディアにかかわる仕事／安全と命にかかわる仕事他

☆

補巻 17　イベントの仕事で働く

岡星竜美(東京富士大学教授)著

❶“イベント”について学ぼう！
❷イベントの現場で活躍する仕事人［イベントプロデューサー、音響スタッフ、照明スタッフ、美術スタッフ、企画運営スタッフ、警備スタッフ、アクション俳優］
❸なるにはコース

☆

補巻 18　東南アジアで働く

横山和子(東洋学園大学大学院教授)著

❶東南アジアを知ろう
❷新たな市場を発見！［タイ：市場調査会社、香港：照明デザイン会社他］
❸社会の経済発展を支援！［カンボジア：土地開発や人材開発事業会社他］
❹東南アジアで働くために

★★★

補巻 19　魚市場で働く

鑓田浩章(エディトリアルディレクター)著

❶「卸売市場」について学ぼう
❷魚市場で働く人びとと役割分担［卸売業者、仲卸業者、売買参加者、買出人］
❸魚市場を支えるプロフェッショナルたち［食品衛生検査所の食品衛生監視員、冷蔵倉庫業者、せり人、グローバル営業］

★★★

補巻 20　宇宙・天文で働く

本田隆行(科学コミュニケーター)著

❶宇宙・天文にかかわる仕事について
❷宇宙をめざす仕事［ロケット技術者、人工衛星技術者、なるにはコース他］
❸宇宙を調べる仕事
❹宇宙・天文を伝える仕事
❺宇宙・天文を使う仕事

★★★